中华优秀传统文化青少年通识读本

图说

中华优秀传统文化

文化古迹

秦野 李月 编著

东北大学出版社

·沈阳·

ⓒ 秦 野 李 月 2017

图书在版编目（CIP）数据

图说中华优秀传统文化. 文化古迹 / 秦野, 李月编
著. 一沈阳：东北大学出版社，2017.12（2025.1 重印）
ISBN 978-7-5517-1787-8

Ⅰ. ①图… Ⅱ. ①秦… ②李… Ⅲ. ①中华文化—青
少年读物②名胜古迹—中国—青少年读物 Ⅳ.
①K203-49

中国版本图书馆 CIP 数据核字（2017）第 328197 号

出 版 者：东北大学出版社
　　　　　地址：沈阳市和平区文化路三号巷 11 号
　　　　　邮编：110819
　　　　　电话：024-83687331（市场部）　83680267（社务部）
　　　　　传真：024-83680180（市场部）　83687332（社务部）
　　　　　网址：http://www.neupress.com
　　　　　E-mail：neuph@neupress.com
印 刷 者：三河市万龙印装有限公司
发 行 者：东北大学出版社
幅面尺寸：170mm×240mm
印　　张：10.5
字　　数：151 千字
出版时间：2017 年 12 月第 1 版
印刷时间：2025 年 1 月第 4 次印刷
责任编辑：向 阳 王 程
责任校对：梁 洁
封面设计：潘正一
责任出版：唐敏志

ISBN 978-7-5517-1787-8　　　　　　　　定 价：36.00 元

"悦读"中国，"图说"文化

在我的童年里，书很少，值得读的有价值的书更少。那时候，总是几个小伙伴共享一本书，一个人朗读给一群人听，然后大家分享。那时候最喜欢的书，是图文并茂的，即使没有配图，我们也会想象出无穷无尽的画面。

那时候总是对历史文化方面的书有着特殊的情感，甚至是执着。长大以后，成为教师，成为中华优秀传统文化的传播者，更是把编写少儿国学文化普及读物作为自己的一项使命。

带着儿时的执念，也带着对中华文化的热爱，我们为青少年朋友编写了这套"图说中华优秀传统文化"丛书。

这套丛书从青少年的兴趣出发，围绕科技发明、江河湖海、文治武功、文化古迹、书法绘画、经史子集、民俗礼仪、百家争鸣、名人典故、文史趣谈、名山胜地、历代珍宝等十二个主题，通过中华文化核心理念、故事、图片、思考、诗文等板块，图文并茂、全方位地解读中华文化。阅读本书，你能感受到——

仰望星空，俯察大地，铸鼎烧瓷，琢玉雕金，四大发明纵横世界，先人的智慧与汗水凝聚古今！

浩浩长江，巍巍昆仑，三山五岳，青海长云，黄河之水天上来，那是九州血脉！

秦皇汉武，唐宗宋祖，文治武功，永乐康乾。以经天纬地智慧，谋万民福祉，开创盛世中华！

万里长城，都江古堰，布达拉宫，紫禁之巅，圣哲先贤的身影，穿梭于秦时明月汉时关！

一点朱红，万般青翠，工笔写意，凤舞龙飞，颜筋柳骨勾勒出炎黄子孙的雄壮华美！

圣人辈出，述往思今，栉风沐雨，百家争鸣，经史子集里谱写着任重道远的担当！

"悦读"中国，"图说"文化。愿这套书带给你一股温暖、愉悦的力量。

秦　野

2017 年 9 月

目 录
CONTENTS

搬家折腾出来的灿烂文化 ……………………………………… 1

抖落黄尘惊万事 ………………………………………………… 9

最长的古代运河 ………………………………………………… 15

五十元人民币背后的秘密 ……………………………………… 21

近水远山皆有情 ………………………………………………… 29

悠悠岁月，漫漫征程 …………………………………………… 35

红墙金瓦万重门 ………………………………………………… 41

后天下之乐而乐 ………………………………………………… 49

黄鹤一去不复返 ………………………………………………… 55

渔舟唱晚，雁阵惊寒 …………………………………………… 61

福荫万代的水利工程 …………………………………………… 67

"三孔"是怎么回事 …………………………………………… 73

春秋淹城说春秋 …………………………………………… 81

朴素淡雅的避暑胜地 ……………………………………… 87

春风不度玉门关 …………………………………………… 95

灿烂的敦煌文化 …………………………………………… 101

白帝城到底是城还是岛 …………………………………… 107

温泉水滑洗凝脂 …………………………………………… 113

苏堤之外飞鸿逝 …………………………………………… 119

泪洒胭脂井 ………………………………………………… 127

卢沟桥往事 ………………………………………………… 133

千年古镇——瓜洲 ………………………………………… 141

百年"文战场" ……………………………………………… 147

四大书院 …………………………………………………… 153

治国安民 运筹帷幄 迁地为良

搬家折腾出来的灿烂文化

殷墟宫殿宗庙遗址

　　殷墟为商代晚期的都城所在地，距今有三千多年的历史，是中国历史上有文献可考的最早的古代都城遗址。

　　河南省安阳市的殷墟博物馆里，陈列着精美的青铜器、玉器、石器、陶器、甲骨片等。这些斑驳的青铜器生动地展现了三千多年前殷商时期的盛世光景，片片甲骨文记录着商朝的几百年的兴衰。

河南安阳考古发现的刻有文字的甲骨

盘庚迁都

在中国古代定都和迁都都是国家大事，为了稳定政权，历代统治者都非常注意维护都城的稳定。但也有许多王朝曾迁移都城，以适应生态环境的改变和政治经济形势的变化，商王朝就是一个典型的例子，从商汤开始传了二十个王，王位传到盘庚手里。盘庚是个能干的君主。为摆脱困境，避免自然灾害，他决定从奄（今山东曲阜）迁都到殷（今河南安阳小屯村）。

迁都并非易事，盘庚迁殷几乎遭到举国上下的反对，大多数贵族贪图安逸，都不愿意搬迁。一部分有势力的贵族还煽动平民起来反对，闹得很厉害。盘庚面对强大的反对势力，并没有动摇迁都的决心。他把反对迁都的贵族找来，耐心地劝说他们："我要你们搬迁，是为了想安定我们的国家。你们不但不谅解我的苦心，反而发生无谓的惊慌。你们想要改变我的主意，这是办不到的。"

在盘庚不懈努力下，商终于迁都于殷。殷土地比较肥沃，自然环境和都城"奄"比起来，都会比眼下的情况要好；再者迁都以后，一切都得从头做起，王室、贵族将会受到抑制，阶级矛盾得到缓和；而且避开叛乱势力的攻击，外部的干扰少了，都城比较安全，统治就可以稳定很多。商朝在这时期政治上比较稳定，经济和文化因此有了更大的发展。之后，又经过武丁时代的繁荣发展，到了殷代中后期，这里已发展成为世界上最大、最繁荣的都城之一。

盘庚

🔍 **成语**

坚信不移

移，改变，变化。坚定地相信，毫不动摇。

💡 **延伸思考**

如果你是盘庚，你该怎样说服其他人迁都呢？

不爱"红装"爱"武装"

妇好是商王武丁宠爱的一位王后。妇好是能征善战的大将军，她运筹帷幄、巧设埋伏，率领商大军打败敌人，配合商王的大将打了一个漂亮的伏击战。那时，距都城安

妇好墓内部陈设

图说

妇好墓是殷墟发掘以来发现的唯一保存完整的商代王室成员墓葬，出土了大量的玉器、宝石器等珍贵文物。

阳附近有一个强悍的游牧部族土方。他们经常肆意侵入商的边境，掳掠人口、财物，是王朝多年的心头大患。于是，武丁命妇好率兵出战，只一仗，就打退了入侵之敌。妇好乘胜追击，彻底挫败了土方。从此，土方再也不敢入侵，后来终被划入商的版图。妇好还亲自主持祭祀，是在"祀与戎"都不让须眉的女性。

或许是连年征战，妇好积劳成疾，英年早逝。商王武丁想到妇好生前征战南、北屡立战功，把她葬在了宫殿

洹北商城遗址

　　洹北商城遗址位于殷墟保护区东北部，略呈方形，南北长2.2公里，东西宽2.15公里，总面积约4.7平方公里。洹北商城的宫殿区是城内核心部分，周边分布有密集的居民点，显示出我国城市布局的早期特征。

区。为了能够经常祭祀爱妻，在陵墓上面修建了一座祭祀妇好的庙堂。

　　沧海桑田，斗转星移，辉煌的殷商王国成为久远的历史。殷墟，古称"北蒙"，是中国商朝晚期都城遗址，位于河南省安阳市，甲骨卜辞中又称为"商邑""大邑商"。殷墟是中国历史上第一个有文献可考、并为考古学和甲骨文所证实的都城遗址，由殷墟王陵遗址、殷墟宫殿宗庙遗址、洹北商城遗址等构成。在20世纪初，殷墟因发掘甲骨文而闻名于世，1928年正式开始考古发掘以来，殷墟出土了大量都城建筑遗址和以甲骨文、青铜器为代表的丰富的文化遗存，系统展现了中国商代晚期辉煌灿烂的青铜文明，确立了殷商社会作为信史的科学地位。殷墟的发现和发掘被评为20世纪中国"100项重大考古发现"之首。

🔍 **成语**

巾帼须眉

巾帼，古时女子的头巾和发饰，借指女子；须眉，指男人。指有男人气概的女子。也作"巾帼丈夫"。

三联甗和象牙杯

三联甗

图说

三联甗可以同时蒸煮几种食物。

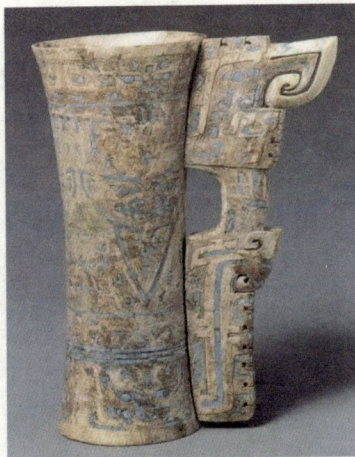

象牙杯

图说

象牙杯为米黄色，通体雕刻瑰
丽精细的花纹，整体造型独特，纹饰华美，是商代
及其罕见的艺术珍品。

晚商时期出现的三联甗，通高 68 厘米，长 103.7 厘
米，面上有 3 个高出案面的圈口，体腔中空，平底下有六
足。甑敞口收腹，底有 3 孔以为箅。全器花纹精美，上有
夔纹、三角纹、云雷纹等。甗分为上下两部分，上部为
甑，用以盛物，下部为鬲，用以盛水，中间有箅以通
蒸汽。

商代象牙杯是用象牙根段雕制而成的饮酒之具。形似
现侈口薄唇，中腰微束。杯身一侧有与杯身等高的夔龙形
把手。杯身有雕刻精细的花纹且具有相当的装饰性，上下
边口为两条素地宽边，中间由绿松石的条带间隔为四段，
一、三段两侧有身有尾，眼、眉、鼻镶嵌绿松石。二段是
杯身纹饰的上体部分，二组饕餮纹面部结构清晰，兽口下
面为一个大三角纹，三角纹两侧有对称的夔纹，头朝下尾
向上。饕餮的口、眼、鼻及三角纹都镶嵌绿松石。三段刻

三个变形夔纹，眼部镶嵌绿松石，三、四段是用三道绿松石带相隔。四段的三组饕餮纹眼鼻同样是镶嵌绿松石。

🔍 **成语**

尧天舜日

尧、舜，传说中上古两位圣明君主。传说尧、舜时政治清明，天下太平，故用"尧天舜日"指太平盛世。

🔗 **诗文链接**

秦王扫六合（节选）

唐·李白

秦王扫六合，虎视何雄哉。挥剑决浮云，诸侯尽西来。

明断自天启，大略驾群才。收兵铸金人，函谷正东开。

抖落黄尘惊万事

兵马俑

　　秦始皇兵马俑，简称秦兵马俑或秦俑，位于陕西省西安市临潼区秦始皇陵以东1.5公里处的兵马俑坑内。

　　兵马俑是古代墓葬雕塑的一个类别。古代实行人殉，奴隶是奴隶主生前的附属品，奴隶主死后奴隶要作为殉葬品为奴隶主陪葬。兵马俑即用陶土制成兵马（战车、战马、士兵）形状的殉葬品。

一统天下

秦始皇（前259—前210），嬴姓，名政，中国历史上著名的政治家、战略家、改革家，首位完成华夏大一统的铁腕政治人物，自称"始皇帝"。

当时的东方六国中，韩国与秦国接壤，而且实力最为弱小，秦王政决定先从攻打韩国开始。秦军进攻的消息很快传到了韩国，两国国力悬殊，韩王安知道韩非的文章很得秦王的赏识，而且韩非还与秦国的大臣李斯师出同门，便派出韩非来到秦国游说秦王。韩非来到秦国向秦王提出了赵国国力强盛，对秦国的威胁更大，秦国应首先攻打赵国的建议。但这样的计策却引来秦王的猜疑，认为韩非不是真心协助秦国，于是便借助李斯之手，将韩非关入狱中，将其毒死。其后，秦王政再次攻韩，韩国只能割地求和。公元前230年，秦军攻占了韩国都城新郑，并俘虏了韩王安，韩国就此灭亡。

秦国灭韩之前，就曾数年派兵攻打过赵国，极大地削弱了赵国实力。第二年，秦军对赵国都城邯郸形成包围之势，赵国大将李牧虽然打败秦军，但是赵国遭遇大灾荒，全国上下人心惶惶，秦军兵分三路，又用计让赵王杀了李牧，赵军兵败如山倒。公

秦始皇

元前228年秋，秦军开进赵国都城邯郸，赵国灭亡。

秦王下一个攻打目标是远在北方的燕国。燕国太子丹找到勇士荆轲，派他去刺杀秦王嬴政。荆轲找到秦国叛将樊於期，提出要为其报仇，说服他拔剑自刎。荆轲拿着樊於期的人头和燕国督亢的地图献于秦王，当地图打开到最后露出匕首时，荆轲立刻拿起匕首刺向秦王，就在这千钧一发的时刻，秦王政的医生夏无且用手中的药囊向荆轲头上砸去，这时，秦王政拔出佩剑砍断荆轲左腿，荆轲无法行动，闻讯而来的卫兵杀死了荆轲，这一年是公元前227年。秦王政被激怒，下令王翦加紧攻燕。公元前225年，秦军攻入燕国都蓟城（今北京），燕王喜逃到了辽东。公元前222年，秦灭楚以后，又派王翦的儿子王贲进攻辽东，俘获燕王喜，燕国灭亡。

公元前225年，秦王政派大将王贲攻打魏国，秦军一路势如破竹，包围了魏国都城大梁（今开封市），引黄河水灌城，三个月大梁城坏，魏王被迫出降，魏国灭亡。

同年，秦王政派李信、蒙武带领20万大军攻打楚国。秦军取得初步胜利后，楚军乘秦军不备发起反攻，打败了秦军。之后秦王政又派王翦带领60万大军出征，大败楚军，迫使楚将项燕自杀。接着攻入了楚国都城寿春，俘虏了楚王负刍，楚国灭亡。

楚国灭亡的同时，秦国不断地向东扩展，攻取齐地。公元前221年，秦国将军王贲从燕国南下攻打齐国，齐军根本没有还手之力，齐王建被俘，齐国灭亡。

秦始皇用10年陆续兼并了六国，结束了贵族王侯割据混乱的局面，建立了中国历史上第一个中央集权的封建国家。

"世界八大奇迹" 秦始皇陵兵马俑

　　秦始皇在活着的时候有气势恢弘的宫殿，死了也得有最好的地方住。古人很迷信，他们讲究视死如生，就是说死亡是生者世界的延伸。从秦始皇13岁即位开始修建陵墓，一直修到他49周岁死的那年，陵墓还没修完。陵墓修了三十多年，一直到秦始皇的儿子当皇帝两年之后才修完。

　　秦始皇陵不仅选址在骊山脚下这处风水宝地，而且陵墓里面也设计得极为精妙。据考古资料推断，陵墓里面有水银仿造的秦帝国水系版图，大量的奇珍异宝。为了防止有人盗墓，里面还设置了层层机关，只要有人进去偷宝物就会触动机关把这个人射死。这还不算，皇陵地面上还建造了极高的封土，据《汉书·楚元王列传》记载："秦始皇帝葬于骊山之阿，下锢三泉，上崇山坟，其高五十丈，周回五里有余。"按照现代的标准计算，高度足有115米，周长有2070米。这是个什么概念呢？以楼层为例，一般的一层楼有3米，那么115米就至少有38楼那么高。这只是地面上的高度，别忘了地下还深达近40米呢！谁要是想挖他的陵墓，不用说别的，光是挖土就挖不完。

　　秦始皇当时就想啊：活着的时候指挥了千军万马，死了之后有谁来保护自己呢？按照古代的传统，帝王死了之后要用活人来陪葬。就是曾经服侍过他的贴近的人，比如侍卫、宫女、妃子都要杀掉陪葬。可是到了秦始皇时候觉得这太血腥了，会死很多人。要是让军队都陪葬那更不忍心了，军队还得留着保卫国家呢。因此，既然真人不能杀太多，就大量制造假人吧，于是就有了现在的秦兵马俑。

秦始皇陵兵马俑一号坑

图说

看看这些兵马俑，身材都跟我们真人是一样的，甚至比普通的真人还稍微高大，长相每个都不一样，有胖的有瘦的；有拿着武器的；有驾驶马车的，非常生动形象。兵马俑三坑总面积达2万平方米，一号坑是规模最大的，为14260平方米。

一言既出驷马难追

秦始皇兵马俑中全套车、马、俑排列组合的武装出行队列，其场面之壮观，气势之宏伟，为考古发掘中所罕见，被今人誉为"地下千年雄师"。车、马、俑以其雄厚独特的造型风格、完美精湛的制作技术和隽永的艺术魅力蜚声中外。

秦始皇陵出土的青铜驷马高车

图说

驷马高车是1980年发现的青铜车马。车的车、马、人都是仿照真车、真马、真人，按比例缩小二分之一制成的。

成语

一言既出，驷马难追

既，已经；驷马，同拉一辆车的四匹马。意思是说错了一句话，四匹马拉的车也追不上。后形容话一说出口，就无法收回。

诗文链接

秦始皇

宋·王安石

天方猎中原，狐兔在所憎。伤哉六孱王，当此鸷鸟膺。搏取已扫地，翰飞尚凭凌。游将跨蓬莱，以海为丘陵。勒石颂功德，群臣助骄矜。举世不读易，但以刑名称。萤萤彼少子，何用辨坚冰。

最长的古代运河

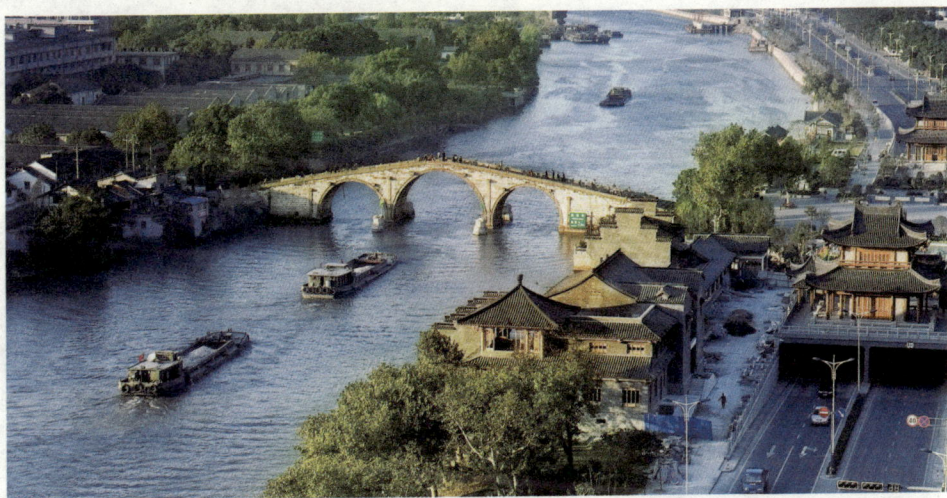

京杭大运河

　　京杭大运河是世界上最长的古代运河。南起余杭（今杭州），北到涿郡（今北京），流经京津两市和冀鲁苏浙4省，贯通海河、黄河、淮河、长江和钱塘江五大水系，全长1797千米。

京杭大运河的通航是中国古代劳动人民用自己双手改造自然的非凡成就，它的地位甚至可以与万里长城相媲美，是中华民族无穷智慧与力量的永恒象征。

京杭大运河

延伸思考

你能说说修建京杭大运河的利弊都是什么吗？

京杭大运河是世界上最长的一条人工运河，是苏伊士运河的16倍，是中国重要的一条南北水上干线。肩负着南北大量物资的运输交换，也有助于中国的政治、经济和文化的发展。京杭大运河北起涿郡（今北京），南至余杭（浙江省杭州市），连接海河、黄河、淮河、长江、钱塘江五大河流。

中国京杭大运河与世界重要运河长度对比表

国　名	运河名	长度（约）	开凿年代
埃　及	苏伊士运河	172.5千米	1859年
德　国	基尔运河	98.7千米	1887年
巴拿马	巴拿马运河	81.3千米	1881年
中　国	京杭大运河	2000千米	605年

隋炀帝修京杭大运河

隋朝的第二任皇帝杨广即位后，为了方便把南方的粮食运输到北方，也为了方便他自己去江南巡游，决定开凿一条贯通南北的大运河。修建大运河的人手不够用了，不论男女全都抓去干活了。大臣们害怕不能按时完成这个任务，动不动就用棍棒对这些民工毒打，被打死的

扬州市邗江区隋炀帝陵

人也不计其数。被累死、饿死、打死的人，尸体装在小车子上运走，这些车子竟然排满了道路，连绵不断，望不到头！

京杭大运河修建了四年才完成，凝聚了无数人的血泪。隋炀帝高兴极了，经常率领大批人马，乘坐豪华的大船到江南巡游。出发那天，隋炀帝和萧后分乘两条四层高的大龙船，船上有宫殿和上百间宫室，装饰得金碧辉煌；接着就是宫妃、王公贵族、文武官员坐的几千条彩船；后面的几千条大船，装载着卫兵和他们随带的武器和帐幕。这上万条大船在运河上排开，船头船尾连接起来，竟有二百里长。这样庞大的船队，怎么行驶呢？那些专为皇帝享乐打算的人早就安排好了。运河两岸，修筑好了柳树成荫的御道，八万多名民工，被征发来给他们拉纤，还有两队骑兵夹岸护送。河上行驶着光彩耀目的船只，陆地上飘扬着五色缤纷的彩旗。一到晚上，灯火通明，鼓乐喧天，真是说不尽的豪华景象。为了满足船队大批人员的享受，隋炀帝命令两岸的百姓，给他们准备吃的喝的，叫作"献食"。那些州县官员，就逼着百姓办酒席送去，有的州县，送的酒席多到上百桌。别说隋炀帝吃不了那么多，就连他带的宫纪太监、王公大臣一起吃，也吃不完。留下的许多剩菜，就在岸边掘个坑埋掉。可是那些被迫献食的百姓，却弄得吃不饱肚子了。

京杭大运河的修建虽然给老百姓带来了沉重的负担，但是纵贯南北的这项非常伟大的工程，也一直造福国人，且不时地惊到同时代的外国人。确切说，那个京杭大运河黄金时代的中国，的确让人不可思议。只愿今天传承运河文化的我们，一样可以继续让人不可思议。

赵州桥

隋朝，有一个著名的石匠，名叫李春。他不仅有着凿石刻石的技术，而且能够设计和建造宫室、桥梁等大型建筑。他这种超绝的本领的得来，一方面是由于自己聪明伶俐，学习认真，善于动手动脑；另一方面是由于他有一个技术高超的师傅。他的师傅对他非常关照，把技能毫不保留地传授给了他，因此他对师傅是非常感激的。

有一天，李春听说师傅病得很厉害，便马上去看望师傅。李春的家和师傅的住处相隔一条河，这条河就是洨河。李春来到河边，正赶上下暴雨，河里的水呼啸翻滚，猛烈上涨。李春呆呆地在雨中站着，着急要去看师傅，却由于河水阻挡，不能过去。等到雨停水退后，李春蹚水过河赶到赵州城里，师傅已经离开了人世。李春大哭了一阵，冷静下来，抚摸着师傅留给自己的几个精致的石桥模型，立下志愿：在洨河上建一座石桥，为赵州百姓造福。

在正式动工前，李春做了充分的准备。首先是进行调

赵州桥

图说

赵州桥又称安济桥，像一条美丽的彩虹横卧在河北省赵县的洨河上。因桥体全部用石料建成，又俗称"大石桥"。建于公元605—615年，由隋朝著名工匠李春设计建造，距今已有1400多年的历史。赵州桥凝聚了古代劳动人民的智慧与结晶，开创了中国桥梁建造的新局面。

查研究。他长途跋涉，用了半个多月的时间找到了洨河的源头，还沿途考察了洨河的河床，这样就掌握了洨河各方面的特点。李春还访问了一些石匠，了解了他们以前造桥失败的教训。在这样的基础上，进行了精心设计。他大胆地提出了"空撞券桥"的设想（半圆的桥洞、门洞之类的建筑叫"券"，券的两肩叫"撞"）。他还设计了在券的两肩上造两个小券，这些券都制成小于半圆的弧。这样做的好处是：在洪水季节，河里水位猛涨，流量很大，一部分水可以从小券通过，减轻对桥的冲击，保障石桥的安全。如果把桥的撞砌实，水流不畅，洪水容易冲垮石桥。李春的设计完全符合科学原理，不仅可以增强桥的坚固性，而且可节省石料，减轻桥的重量；同时可使桥型匀称、轻巧，显得格外美观。这样的设计充分表现出李春非凡的智慧和卓越的创造才能。

正式动工时，李春组织了大批年轻力壮的石匠凿石，在每块拱石的两侧凿出有规则的斜纹，使得拱石拼砌后紧密牢固。李春还请来铁匠，锻造一些"腰铁"和"铁拉杆"，把各个石块连接得更加结实。

🔗 诗文链接

汴河怀古二首（其二）

唐·皮日休

尽道隋亡为此河，

至今千里赖通波。

若无水殿龙舟事，

共禹论功不较多。

五十元人民币背后的秘密

布达拉宫

　　布达拉宫坐落于中国西藏自治区的首府拉萨市区西北布拉达山即红山上，是世界上海拔最高，集宫殿、城堡和寺院于一体的宏伟建筑，也是西藏最庞大、最完整的古代宫堡建筑群。

当明媚的日光洒满拉萨市的红山之巅，宏伟的布达拉宫向世人呈现出圣洁、高贵的容颜。这是世界上海拔最高的宫殿建筑群，从古老走向现代，已经见证了1300年的历史变迁。

布达拉宫始建于7世纪，距今已有1300多年的历史了。据说，吐蕃松赞干布要迎娶文成公主，新娘来自遥远的大唐。为迎娶文成公主，"筑城以夸后世"，松赞干布兴奋地发布了修造布达拉宫的命令。

延伸思考

你知道不同面值的人民币背面分别都是什么图案吗？

唐·阎立本《步辇图》

图说

《步辇图》是阎立本的代表作之一，现藏于故宫博物院。这幅图中所描绘的正是贞观年间唐太宗会见吐蕃使者禄东赞的情景。图中坐在右侧步辇上面的，正是唐太宗李世民，周围簇拥着宫女。左侧三人，为首的是典礼官，中间的是禄东赞，站在最后面的是翻译官。

谁又能想到，这座穿越了千年的古老殿堂，居然与五十元人民币有着密切的联系！如果你不信，请找出一张五十元的人民币，自己翻看背面吧！

汉藏一家亲

经历了两番寒暑冬夏，文成公主的送亲队伍经过长途跋涉，终于到达了吐蕃，也就是今天的西藏。热情的西藏百姓举行了极其盛大的迎接仪式。美妙的歌声、香醇的美酒、曼妙的舞姿，带给文成公主和松赞干布最真挚的祝福。

文成公主带去了谷物、菜籽、药材、茶叶，教藏族人民耕种，她带去的能工巧匠传授织布、造纸酿造技术，促进了当地的经济、文化的繁荣与发展。文成公主对藏区的发展做出了杰出贡献，她在吐蕃生活了40年，于永隆元年（680年）去世。文成公主和松赞干布的结合使吐蕃与唐朝在政治、经济、文化等各方面的联系得到空前发展，由此唐蕃情谊如同一家。后来，大唐和吐蕃为了各自的利益虽有过频繁的战争，但藏汉两族人民和睦友好的关系始终成为历史的主流。直到今天，大昭寺和布达拉宫都还供奉着文成公主和松赞干布的塑像。

布达拉宫成为汉、藏两族人民团结友好、亲如一家的最好见证。

松赞干布像

文成公主像

图说

　　文成公主在江夏王的护送之下进入西藏。公主远嫁西藏带去了不少先进的东西，如天文历法、书籍乐器、谷物种子，还有一些工具药材。而松赞干布为了迎接文成公主，修建了一座气势辉煌的宫殿。这个宫殿就是布达拉宫。这是在布达拉宫内的松赞干布和文成公主的雕像。布达拉宫是现存的世界上最大的佛教宫殿，位于西藏拉萨市的红山之巅。

🔍 成语

天下一家

①指天下人和睦相处，就像一个家庭一样。②指国家统一。③指只此一家，再无第二家。

佛光笼罩的圣殿

　　布达拉宫的主体建筑包括东边的白宫，中间部分的红宫和西部的僧房。宫殿依山而建，巍峨壮丽，气势磅礴，集中体现古代西藏人民的勤劳智慧和藏族建筑艺术的伟大成就。从外观上看，宫殿从山脚直达山顶，高达200多米，似乎有13层，内部实际上有9层。

布达拉宫殊胜三界殿

图说

　　布达拉宫殊胜三界殿殿内供奉一块用藏、汉、满、蒙4种文字书写的"当今皇帝万岁，万万岁"牌位。牌位上方所供为清乾隆皇帝肖像。周围有金刚持、宗喀巴等塑像。

布达拉宫壁画

图说

壁画生动地描绘了文成公主入藏的盛大场景。

这里的每一处转角，每一粒尘埃，都曾见证了统治者的威严；精美的佛像，倾听了无数圣徒诵经的箴言；多彩的壁画，将一个个古老的场景生动地呈现。这里经历过战火的洗礼，又在明朝时期得以重建。

🔍 成语

立地成佛

佛教用语，禅宗认为人皆有佛性，弃恶从善，便可成佛。是劝善之语。

2015年9月8日布达拉宫前举行的西藏自治区成立五十周年庆祝大会

布达拉宫广场

　　布达拉宫广场位于西藏拉萨市布达拉宫正对面，是世界海拔最高的城市广场。

　　布达拉宫广场东西长600米，南北宽400米，道路广场总面积1.8万平方米，可容纳4万人举行大型集会活动。从整体布局看，广场平坦而开阔，南面是西藏劳动人民文化宫，北侧是布达拉宫。

　　这座广场也是世界文化遗产——布达拉宫的重要组成部分，是西藏自治区政府和拉萨市重要的活动场所，也是中外游客集中观光的旅游景点之一，是一座融休闲、文化、集会等多功能为一体的现代化广场。

布达拉宫广场全貌

🔗 诗文链接

住进布达拉宫

清·仓央嘉措

住进布达拉宫，

我是雪域最大的王。

流浪在拉萨街头，

我是人间最美的情郎。

国泰民安 文韬武略 东方醒狮

近水远山皆有情

狮子林

　　狮子林是元时苏州城中最负盛名的一座园林，狮子林的闻名可以说就在峰石。

　　元代至正二年（1342年），天如禅师来到苏州，其门人选此建庵，以供禅师起居之用，起名"菩提正宗寺"。当时寺极小，仅小庵20余楹，其外则"有竹万个，竹下多怪石，或卧或仆，状偌狻猊"。据称画家倪元镇、朱德润、赵善良、徐幼文曾为其造园叠石作过探讨，倪元镇还为之作画。

狮子峰

图说

据说假山中隐伏着五百罗汉身，可惜一般人眼里看不出。啥人能全部看出来，啥人就是"罗汉身"。走进假山，峰回路转，如入深山，半天也绕不出来，好比诸葛亮摆的"八阵图"，真是奥妙无穷。

狮子林的来历

苏州狮子林庭院一角

图说

狮子林是中国古典私家园林建筑的代表之一。园内既有苏州古典园林亭台楼阁的人文景观，更以湖山奇石、洞壑深邃而盛名于世。狮子林是世界文化遗产、全国重点文物保护单位、国家AAAA级旅游景区。

元至正元年（1341年），高僧天如禅师来苏州讲经。第二年，弟子"相率出资，买地结屋"，为天如禅师建造禅林。因园内有一大片竹林，竹间怪石嶙峋，状如狻猊（狮子），加上天如禅师得法于浙江天目山狮子岩，为纪念师承关系，取佛经中狮子座之意，故命名"狮子林"。

为什么叫狮子林呢？按照佛门的说法，狮子又名狻猊，是佛国之兽。狮子林的假山最出名，这假山堆的名堂多呢！有的是大狮，有的是小狮，有的是狮舞，有的是狮吼，有的是雄师蹲坐，有的是母狮沉睡，有的是狮子滚绣球，有的是双狮在搏斗，真是千变万化。假山有许多好听的名字：有的叫"含晖"，有的叫"吐月"，有的叫"玄玉"，有的叫"昂霄"，最高的一座假山叫"狮子峰"。

延伸思考

狮子是什么科的动物？

"真""有趣"

清乾隆年间，苏州狮子林附近，出了个状元叫黄熙，黄熙从小喜欢到狮子林里玩儿。那时，狮子林是狮林禅寺的后花园，寺内住持很喜欢他，便和黄熙开玩笑："你不是很喜欢这座花园吗？那你要好好读书，将来中了状元，我就把这座花园送给你。"说者无意，听者有心。后来黄熙果然考中了状元，这时候，老和尚却不再提起送花园的事情了。不过，黄熙心里一直记着这件事。

就在这时候乾隆皇帝下江南，来到了苏州，听说城北有座出名的狮林禅寺，就想去游玩。住持听说皇上要驾到，一时慌了手脚，不知如何接驾，突然想起隔壁黄熙。黄熙书读得多，口才好，又见过世面，便派小和尚将黄熙请了过来接待龙驾。

等乾隆皇帝驾到后，黄熙和住持带着那班小和尚恭恭敬敬地将乾隆引进了后花园。乾隆见园中的作壁上观山，重重叠叠，峰回路转，十分奇妙。加上黄熙对狮子林的生动解说，乾隆越听越高兴，连连点头，还兴致勃勃钻进了假山。乾隆越看越觉有趣，穿过假山，在一个亭子里坐下来，便问亭子叫什么名字。黄熙知道机会来了，连忙回禀道："这个亭子尚未取名，请圣上为它起个名字吧。"乾隆是个喜欢到处题名留字的人，黄熙的话正中下怀。于是叫手下人取来了文房四宝。可是他想了好久，搜肠刮肚也没找到合适的名字，一着急，就胡乱写下三个字：真有趣。

黄熙在一旁看着，见圣上题出这样简单的字句，将来挂了出去，不是要被人笑话吗？他灵机一动，上前奏道："臣见圣上御题，笔笔铁划银钩，字字龙飞凤舞，其中这个'有'字更是百媚千态，我冒昧该死，望乞圣上将这个'有'字赐给小臣吧"。皇上题了"真有趣"三字后，想想也觉得俗气，正想改一改，听黄熙一说，发现省了这个"有"字，剩下"真趣"，听起来倒也风雅，就点头应允。并在"有"字旁题了一行小字："御赐黄熙有"，当场就裁了下来，赏给黄熙，把"真趣"两字留下来做了那座亭子的匾额。

💡 **延伸思考**

从这个故事中，你能看出来黄熙有什么样的特点？

黄状元得到这个御书的"有"字，心中暗自高兴。乾隆走后，他就把这个"有"字贴在园门上。马上叫家人把家具都搬到园里来。狮林禅寺的住持和尚一看十分奇怪，拦住黄熙问道："你怎么把家私搬到园子里来啦？"黄熙两眼一瞪："'御赐黄熙有'这几个大字你

清代乾隆御笔题写"真趣"牌匾

还没看见吗？可是有意要违抗圣命？"住持一看，真是哑巴吃黄连，有苦说不出。从这儿以后，这个花园就同狮林禅寺分了家，就是黄家的私家花园了。

诗文链接

游狮子林记（节选）

清·黄金台

有境焉，秀夺天巧，奇争鬼工。险凿五丁，雄驱六甲。割将鹫岭，分得龙湫。侧走雷霆，倒垂菡萏。寒蛟跃出，日光不红；孤鹤归来，云气尽绿。烟青朝吐，月白夜吞。到溉奇礓，逊其布置。苏公雪浪，无此玲珑。则吴门狮子林是也。

众志成城　固若金汤　气吞山河

悠悠岁月，漫漫征程

岁月洗礼后的万里长城

　　长城东西绵延上万里，因此又称万里长城。历经千年的万里长城已经成为中华民族的象征和骄傲。

　　长城，是中国古代的军事防御工程，是一道高大、坚固而连绵不断的长垣，用以限隔敌骑的行动。长城不是一道单纯孤立的城墙，而是以城墙为主体，同大量的城、障、亭、标相结合的防御体系。

万里长城为止戈

修建长城的历史可以追溯到公元前9世纪的周代。当时周宣王为防御北方部族的侵袭曾修建了列城和烽火台。到了春秋战国时期，魏、赵、韩、楚、齐、秦、燕七国在诸侯战争中逐渐强大起来，被合称为"战国七雄"，其中的秦、赵、燕三国的北部边界频繁遭受以游牧、狩猎为生的北方部族的侵扰，北方百姓的生活受到极大影响。为此，三国先后开始修筑北部长城，并派兵驻守。如此一来，善于马上作战的北方部族不再能轻易跨过高山峻岭中的这道坚固的防线，中原各国统一的步伐逐步加快。

统一六国后，从秦始皇开始，凡是中原统治者，各朝各代几乎都要修筑长城。历史记载的就有汉、晋、北魏、东魏、西魏、北齐、北周、隋、唐、宋、辽、金、元、明、清等十多个朝代，其中汉、金、明三个朝代修筑的规模最大。

绵延万里的长城

长城上的互动

长城东西绵延上万里，用来抵御外敌的入侵。以前没有通讯设备，一旦发生战争，怎样能及时通知呢？

古代边防报警有两种，遇到有敌人进攻时，白天放烟叫"烽"，夜间举火叫"燧"，白天燃烟，夜间举火，是因为白天阳光很强，火光不易看见，烟雾相对瞩目；而夜间烟雾不显，火光在很远处就能看见，这是很科学的方法。

烽燧的建筑早于长城，但是自从长城出现后，长城沿线的烽火台便与长城密切融为一体，成为长城防御体系的一个重要组成部分。

烽燧的布局也十分重要，一般将其布置在高山险处或峰回路转的地方，而且临近的三个烽燧必须都在彼此的视野范围内，以便于随时查看和传递消息。烽燧除了传递军

长城烽燧

图说

长城上每隔一段距离就设有一个烽燧（烽火台）作为情报传递系统，是古老但行之有效的消息传递方式。

情之外，还为来往使节保护安全，提供食宿、供应马匹粮秣等服务。有些地段的长城只设烽台、亭燧而不筑墙。

孟姜女哭长城

修筑万里长城是一项非常艰苦的工作，可以想到，没有大量的人群进行艰苦的劳动，是无法完成的。至今还流传着孟姜女哭长城的故事。

传说很久以前，江苏松江府有个孟家庄，孟家庄有一老汉善种葫芦。这一年他种的葫芦长得非常繁盛，其中一棵竟伸到了邻居姜家院里。孟、姜两家非常交好，于是便相约秋后结了葫芦一家一半。到了秋天，果然结了一个大葫芦，孟、姜两家非常高兴，把葫芦摘下来准备分享。忽听葫芦里传出一阵阵小孩的哭声，孟老汉非常奇怪，便用刀把葫芦切开一看，呀！有个小女孩端坐在葫芦中，红红的脸蛋，圆嘟嘟的小嘴，很是惹人喜爱。姜家老婆婆一看，喜欢得不得了，一把抱起来说："这孩子就给我吧！"可是孟老汉无儿无女，非要不可，两家争执起来，一时间不可开交。到后来，只好请村里的长者来决断。长者说："你们两家已约定葫芦一家一半，那么这葫芦里的孩子就算你们两家合养吧。"于是小姑娘便成了姜孟两家的掌上明珠，因孟老汉无儿无女，便住在了孟家，取名孟姜女。

斗转星移，日月如梭，孟姜女一天天地长大了，她心灵手巧，聪明伶俐，美丽异常，织起布来比织女，唱起歌来赛黄莺，孟老汉爱如珍宝。

长大之后，孟姜女嫁给了一个叫范喜良的男子，新婚的第三天，一群官兵就把范喜良绳捆索绑带走去修筑长城。

自此孟姜女日夜思君，茶不思，饭不想，忧伤不已。转眼冬天来了，大雪纷纷，孟姜女想丈夫在修长城，天寒地冻，无衣御寒，便日夜赶着缝制棉衣。做好棉衣，孟姜女千里迢迢，踏上路程。一路上跋山涉水，风餐露宿，不知饥渴、劳累，昼夜不停地往前赶，这一日终于来到了长城脚下。

可长城脚下民夫数以万计，到哪里去找呢？她逢人便打听，好心的民夫告诉她，范喜良早就劳累致死，被埋在长城里筑墙了。孟姜女一听，心如刀绞，便求好心的民工引路来到了范喜良被埋葬的长城下。坐在城下，孟姜女悲愤交加：想自己千里寻夫送寒衣，尽历千难万险，到头来连丈夫的尸骨都找不到，怎不令人痛断柔肠。愈想愈悲，便向着长城昼夜痛哭，不饮不食。这一哭感天动地，白云为之停步，百鸟为之噤声。直哭了十天十夜，忽听轰隆隆一阵山响，一时间地动山摇，飞沙走石，长城崩倒了八百里，这才露出范喜良的尸骨。

长城倾倒八百里，惊动了官兵，官兵上报给秦始皇。秦始皇大怒，下令把孟姜女抓来。孟姜女被抓，秦始皇一见她生得貌美，便欲纳她为正宫娘娘。孟姜女说："要我做你的娘娘，得先依我三件事：一要造长桥一座，十里长，十里阔；二要十里方山造坟墩；三要皇帝披麻

秦长城遗址

戴孝到我丈夫坟前亲自祭奠。"秦始皇想了想便答应了。不几日，长桥坟墩已全部造好，秦始皇身穿麻衣，排驾起行，过长城上长桥，过了长桥来到坟前祭奠。祭毕，秦始皇便要孟姜女随他回宫。孟姜女冷笑一声道："你昏庸残暴，害尽天下黎民，如今又害死我夫，我岂能做你的娘娘，休可妄想！"说完便怀抱丈夫遗骨，跳入了波涛汹涌的大海。一时间，浪潮滚滚，排空击岸，好像在为孟姜女悲叹。

延伸思考

修建长城的目的是什么？

🔍 **成语**

气势磅礴

磅礴，雄伟盛大的样子。形容气势雄伟盛大。

🔗 **诗文链接**

沁园春·雪

现代·毛泽东

北国风光，千里冰封，万里雪飘。望长城内外，惟馀莽莽；大河上下，顿失滔滔。山舞银蛇，原驰蜡象，欲与天公试比高。须晴日，看红妆素裹，分外妖娆。

江山如此多娇，引无数英雄竞折腰。惜秦皇汉武，略输文采；唐宗宋祖，稍逊风骚。一代天骄，成吉思汗，只识弯弓射大雕。俱往矣，数风流人物，还看今朝。

红墙金瓦万重门

北京故宫

　　北京故宫，旧称"紫禁城"，位于北京中轴线的中心，是明清两个朝代的皇宫，是世界上现存规模最大、保存最为完整的木质结构的宫殿型建筑。

　　白云蓝天映衬着红墙金瓦，站在这宫殿之间依然可以感受到皇家的威严。永乐四年（1406年）开始建设，永乐十八年（1420年）建成，传说有殿宇宫室9000余间，被称为"殿宇之海"，气魄宏伟，极为壮观，一共有24位皇帝在此居住过。

大运河"漂"来紫禁城

如此宏伟的建筑，仅靠北京本地的建筑材料，显然是不够的。那么其余的砖石、木料等物，要如何运抵北京呢？答案有一个：相当一部分是顺着京杭大运河"漂"来的。当然，这个"漂"是比较形象的说法，是指它们由河运而来。

明成祖朱棣下令修建紫禁城，参与紫禁城工程建造的工匠多达百万。以故宫三大殿前后的御道石为例，这些石块非常巨大，为运送这些巨石，动用的民工超过两万人。

再说木材，那时，最初为紫禁城采伐的木材是产自西南地区崇山峻岭之间的珍贵木材——楠木。据老工匠估算，一座宫殿从地面到顶层大约用了5000立方米左右的木料，一座宫殿所用材料数目就如此惊人，更不用说整个故宫的宫殿所需的木材了。

建造紫禁城很多材料堪称集合"全国之最"。且不说别的，登上太和殿，看到的盘龙柱都十分高大，其重量可想而知。数量众多的砖石、庞然大物一般的楠木……如果走陆路，运输工作何其繁琐。

古代的中国人民用智慧完美地解决了这个问题。明朝时期运输紫禁城的工程材料，京杭大运河发挥了很大作用。有趣的是，那些巨大的木头在河水里漂了一路，抵达北京的时候由于长时间浸泡，木材本身所含的树胶已经被冲洗掉了，可谓一举两得。在此基础上，再加上

北京故宫内景

其他一些辅助手段，最终将那些巨大的石块和木头顺利运到建筑现场。

　　600多年前，就是借助上述所提及的充满智慧的方法，那些数量众多、体型巨大的石块和木头被顺利运到北京，最终在工匠的巧手之下变成一座庞大的宫殿建筑群，至今仍然受到世界瞩目。

☀ **延伸思考**

用河运的方式来传送物品，运用了什么物理学原理？

🔍 **成语**

雕栏玉砌

　　砌：台阶。雕绘的栏杆，玉石的台阶。指富丽堂皇的建筑。

故宫里的大数字

从古至今，中国人对于数字，除了将其运用于计算外，还会赋予数字许多关于神话、传说、哲学、宗教、历史、习俗等方面的内涵，如我们最熟悉的与数字有关的成语、俗语"六六大顺""十全十美""五湖四海"等，而中国古人更是对数字的寓意追求到了极致，这一点从"9"和"5"这两个数字在故宫的古建筑中频繁出现就可证明。

民间最流行的一种说法认为，"故宫房屋有九千九百九十九间半"，一是因为三个九谐音"久"，象征皇权永存、江山万代；另一个原因在于，古人以奇数为阳，偶数为阴，又以奇数象征天，以偶数象征地。"9"是阳数中最大的一个，皇帝是人间地位最高的人，所以必须用对应的"9"作代表。但根据现任故宫博物院院长单霁翔的详细统计来看，目前故宫博物院所管理的古代建筑数量共计9371间，其中紫禁城内8728间，紫禁城外端门、大高玄殿、御史衙门等处643间。

故宫里的门扇上的81颗门钉

故宫里的这九千多间房的每个门扇上的铜门钉也是横竖9颗，共计81颗。太和殿、中和殿、保和殿这三大殿的高度都是九丈九尺。皇帝用于祭天的天坛，圜丘由三层汉白玉石坛组成，每层四面各延伸出台阶，每个台阶有九级。圜丘的坛面所用石板数目也是九和九的倍数，第一圈为9块，第二圈为18块，到第九圈则为81块，依次周围各圈直至底层，均以数字9的倍数递增。保和殿的斜坡上有一幅北京城内最大的汉白玉雕刻，它上面刻着的是九条龙的图案。

象征皇帝"九五之尊"寓意的另一个相关数字"5"位于0~9这些数字的正中间，古人对5也十分看重。在紫禁城内时常可见太和殿采用的是宫殿建筑的最高等级形制，面阔九间，进深五间，二者之比为9∶5；太和殿、中和殿、保和殿共处的土字形大台基，其南北长度为232米，东西宽度为130米，二者约分后的比例也刚好为9∶5。

故宫成为我国古建筑中的美学典范，流传至今，与这些内涵深刻的数字息息相关。

故宫角楼的传说

故宫的四个城角，每一个角上有一座九梁十八柱七十二条脊的角楼，建造得可好看了。这四座角楼是怎么盖的呢？有这么个传说——

明朝的燕王朱棣在南京做了永乐皇帝以后，因为北京是他做王爷时候的老地方，就想迁都北京，于是就派了亲信大臣到北京盖皇宫。朱棣告诉这个大臣：要在皇宫外墙——紫禁城的四个角上，盖四座样子特别美丽的角楼，每座角楼要有九梁十八柱、七十二条脊。并且说："你就做这个管工大臣吧，如果修盖得不好是要杀头的！"管工大臣领了皇帝的谕旨后，心里非常发愁，不知如何盖这九梁十八柱、七十二条脊的角楼。

时间过得飞快，一转眼就是一个月了，工头和木匠们还没想出一点头绪和办法来，他们做了许多样型，都不合适。这时候，正赶上七月份的三伏天气，热得人都喘不上

故宫角楼

图说

紫禁城角楼是一座四面凸字形平面组合的多角建筑，屋顶有三层，上层是纵横搭交的歇山顶，由两坡流水的悬山顶与四面坡的庑殿组合而成，因这种屋顶上有九条主要屋脊，所以称作九脊殿。

气来，加上心里烦闷，工头和木匠们真是坐也不合适，躺也不合适。有这么一位木匠师傅，实在呆不住了，就上大街闲遛去了。

🔍 成语

钩心斗角

①心，宫室的中心；角，檐角。诸角向心，互相勾连；诸角相向，似兵戈相斗。指宫室建筑结构精巧工致。②指诗文、书法的布局结构精巧，回环错落。③指人和人之间明争暗斗，各用心计和手腕。也作"勾心斗角"。

走着走着，听见老远传来一片蝈蝈的吵叫声，接着又听见一声吆喝："买蝈蝈，听叫去，睡不着，解闷儿去！"走近一看，是一个老头儿挑着许多大大小小秫秸编的蝈蝈笼子，在沿街叫卖。其中，有一个细秫秸棍插的蝈蝈笼子，精巧得跟画里的一座楼阁一样，里头装着几只蝈蝈，木匠师傅想：反正是烦心的事，该死的活不了，买个好看的笼子，看着也有趣儿，于是就买下了。

这个木匠提着蝈蝈笼子，回到了工地。大伙儿一看就吵嚷起来了："人们都心里怪烦的，你怎么买一笼子蝈蝈来，成心吵人是怎么着？"木匠笑着说："大家睡不着解个闷儿吧，你们瞧……"他原想说你们瞧这个笼子多么好看呀！可是他还没说出口来，就觉得这笼子有点特别。他急忙摆着手说："你们先别吵吵嚷嚷的，让我数数再说。"他把蝈蝈笼子的梁啊、柱啊、脊呀细细地数了一遍又一遍，大伙被他这一数，也吸引得留了神，静静地直着眼睛看着，一点儿声音也没有。

木匠数完了蝈蝈笼子，蹦起来一拍大腿说："这不正

延伸思考

你见过角楼吗？它是什么样子的？

是九梁十八柱七十二条脊么?"大伙儿一听都高兴了,这个接过笼子数数,那个也接过笼子数数,都说:"真是九梁十八柱、七十二条脊的楼阁啊。"大伙儿受这个笼子的启发,琢磨出了紫禁城角楼的样子,烫出纸浆做出样型,最后修成了到现在还存在在的角楼。

🔍 **成语**

匠心独运

匠心,巧妙高明的心思;独运,创造性地运用。指创造性地运用巧妙的艺术构思。也作"匠心巧运"。

🔗 **诗文链接**

故宫游感七绝

佚 名

旧日明清帝王园,

进宫只准众高官。

如今百姓来堂殿,

尽可游观国宝颜。

后天下之乐而乐

岳阳楼

　　岳阳楼位于湖南省岳阳市古城西门城台上，下瞰洞庭，前望君山，自古有"洞庭天下水，岳阳天下楼"之美誉，与湖北武汉黄鹤楼、江西南昌滕王阁并称为"江南三大名楼"。

艰苦朴素范仲淹

先来认识一位叫范仲淹的人。范仲淹，字希文，跟包拯是同一时期的人。少年时期的范仲淹学习环境十分艰苦，食物不充足，就用稀粥充饥；冬日里学习累了，就用冷水浇脸。

范仲淹有个同学，知道范仲淹生活清苦，这位同学就把当官员的父亲的饭菜拿来给范仲淹吃。但是，范仲淹拒绝了，解释说若吃惯了好的，就不爱吃差的了。有一次皇帝出行，在范仲淹学校门口经过，皇家车队浩浩荡荡轰动了整个城市，街道上你推我挤地站满了看热闹的人，有人特意跑来叫范仲淹看热闹去，可小范同学很镇定：急什么，将来当官了再见面也不晚。

历经五年"人所不堪""自刻益苦"的生活，范仲淹考中了进士。做官后，他清正廉洁，办事公正。范仲淹大胆直言，抨击时弊，曾几度遭贬。可以说是"三出京城"三起三落。

波折的范仲淹

范仲淹在宋夏战争中立下了大功，宋仁宗觉得他的确是个人才。这时候，宋王朝因为内政腐败，加上在跟辽朝和西夏战争中军费和赔款支出浩大，财政发生恐慌。宋仁宗就把范仲淹从陕西调回京城，派他担任副宰相。他一回到京城，宋仁宗马上召见，要他提出治国的方案。范仲淹知道朝廷弊病太多，要一下子都改掉不可能，准备一步一

范仲淹画像

图说

　　范仲淹，字希文，谥文正，亦称范履霜，北宋著名文学家、政治家、军事家、教育家。他为政清廉，体恤民情，刚直不阿，力主改革，屡遭奸佞诬谤，数度被贬。

步来。但是，禁不住宋仁宗一再催促，就提出了十条改革措施。宋仁宗正在改革的兴头上，看了范仲淹的方案，立刻批准在全国推行这十条改革措施。历史上把这次改革称为"庆历新政"（"庆历"是宋仁宗的年号）。

　　范仲淹为了推行新政，先跟韩琦、富弼等大臣审查分派到各路担任监察官的人选。有一次，范仲淹在官署里审查一份监察官的名单，发现有贪赃枉法行为的人员，就提起笔来把名字勾去，准备撤换。在他旁边的富弼看了心里不忍，就对范仲淹说："范公呀，你这笔一勾，可害得一家子哭鼻子呢。"范仲淹严肃地说："要不让一家子哭，那就害了整个地区的百姓都要哭了。"富弼听了这话，心里顿时亮堂了，佩服范仲淹的见识高明。范仲淹的新政刚一推行，就像捅了马蜂窝一样。一些皇亲国戚，权贵大臣，贪官污吏，纷纷闹了起来，散布谣言，攻击新政。有些原来就对范仲淹不满的大臣，天天在宋仁宗面前说坏话，说范仲淹一些人交结朋党，滥用职权。宋仁宗看到反对的人多，就动摇起来。范仲淹被逼得在京城呆不下去，就自动要求回到陕西防守边境，宋仁宗就把他打发走了。范仲淹一走，宋仁宗就下命令把新政全部废止。

公元1045年，范仲淹被赶出了京城，来到邓州，创办了一所学校，叫作花洲书院。

书院相当于我们今天的大学。过去小孩儿上学的地方那叫学堂，相当于我们现在的小学。长大一些，念书的地

花洲书院

图说

范仲淹与《岳阳楼记》的关系，可谓妇孺皆知，但要说范仲淹与花洲书院的关系，了解的人可能就少多了。

花洲书院，位于河南省南阳市邓州，是范仲淹所建。花洲书院的创办，使邓州文运大振，成为邓州文运昌盛的象征，莘莘学子心仪的殿堂。

方那叫学馆。再往后，就是书院了。

范仲淹与岳阳楼

范仲淹的朋友中，有一个被称作滕子京的，在越州做官做得挺不错的，修建了岳阳楼。这岳阳楼修建得相当气派，紧挨着洞庭湖，登上岳阳楼远远观望湖水，连接着远方的山脉，浩浩荡荡宽广无边，朝云晚霞，气象万千，楼上还刻着历朝历代文学家的诗词歌赋。

岳阳楼耸立在湖南省岳阳市西门城头、紧靠洞庭湖畔。自古有"洞庭天下水，岳阳天下楼"之誉，与江西南昌的滕王阁、湖北武汉的黄鹤楼并称为"江南三大名楼"。现在的岳阳楼是清代光绪年间重新修建的。

像这样一座有名的岳阳楼建成了，就应该请一位当时的大文豪来写篇文章把这件事儿记载下来，作为纪念，流传后世，于是这个任务就落在了范仲淹的身上。范仲淹大笔一挥，写成了这样一篇千古奇文《岳阳楼记》。当中有这样一段话：不以物喜，不以己悲；居庙堂之高则忧其民；处江湖之远则忧其君。是进亦忧，退亦忧。然则何时而乐耶？其必曰："先天下之忧而忧，后天下之乐而乐"欤！

翻译过来就是：不因为外界环境的好坏或喜或忧，也不因为自己心情的好坏或乐或悲。处在高高的庙堂上（在朝），则为平民百姓忧虑；处在荒远的江湖中（在野），则替君主担忧。这样他们进朝为官也忧虑，退居江湖为民也忧虑。那么什么时候才快乐呢？那一定要说"在天下人忧虑之前忧虑，在天下人享乐之后再享乐"吧。

延伸思考

你认为范仲淹是一个怎样的人？

岳阳楼

图说

　　岳阳楼主楼为三层、四柱、飞檐、盔顶、纯木结构。楼中四根楠木金柱直贯楼顶，周围绕以廊、枋、椽、檩互相榫合，结为整体。

诗文链接

岳阳楼记（节选）

宋·范仲淹

　　不以物喜，不以己悲；居庙堂之高则忧其民；处江湖之远则忧其君。是进亦忧，退亦忧。然则何时而乐耶？其必曰："先天下之忧而忧，后天下之乐而乐"欤！

黄鹤一去不复返

黄鹤楼

　　黄鹤楼位于湖北省武汉市长江南岸的武昌蛇山之巅，濒临万里长江。楼高5层，总高度51.4米，建筑面积3219

黄鹤楼夜景

图说

　　黄鹤楼的平面设计为四边套八边形，谓之"四面八方"。从楼的纵向看各层排檐与楼名直接有关，形如黄鹤，展翅欲飞。黄鹤楼楼外铸铜黄鹤造型、胜像宝塔、牌坊、轩廊、亭阁等一批辅助建筑，将主楼烘托得更加壮丽。主楼周围还建有白云阁、碑廊、山门等建筑。整个建筑具有独特的民族风格，与蛇山脚下的武汉长江大桥交相辉映；登楼远眺，武汉风光尽收眼底。

平方米。黄鹤楼内部由72根圆柱支撑，外部有60个翘角向外伸展，屋面用10多万块黄色琉璃瓦覆盖构建而成。

　　黄鹤楼自古享有"天下江山第一楼"和"天下绝景"之称，为武汉市标志性建筑。

因人而彰的黄鹤楼

　　黄鹤楼坐落在海拔61.7米的蛇山顶，三国时期在这临江的山巅建楼，首先还是出于军事上的需要，但后来逐渐成为文人宴客、会友、吟诗、赏景的游览胜地。历代的名人如崔颢、李白、白居易、贾岛、夏竦、陆游等都曾先后到这里游览，吟诗作赋。唐代诗人崔颢登上黄鹤楼赏景写下了一首千古流传的名作："昔人已乘黄鹤去，此地空余黄鹤楼。黄鹤一去不复返，白云千载空悠悠。晴川历历汉阳树，芳草萋萋鹦鹉洲。日暮乡关何处是，烟波江上使人愁。"后来李白也登上黄鹤楼，放眼楚天，胸襟开阔，诗兴大发，正要提笔写诗时，却见崔颢的诗，自愧不如只好说："眼前有景道不得，崔颢题诗在上头"。崔颢题诗，李白搁笔，从此名气大盛。

延伸思考

我国四大名楼都有哪些?

白云千载空悠悠

　　从前有位姓辛的人，以卖酒为业。有一天，来了一位身材魁梧、衣着褴褛的客人，神色从容地问辛氏："可以给我一杯酒喝吗?"辛氏不因对方衣着褴褛而有所怠慢，急忙盛了一大杯酒奉上。如此过了半年，辛氏并不因为这位客人付不出酒钱而显露不悦的神色，依然每天请这位客人喝酒。有一天客人告诉辛氏说："我欠了你很多酒钱，没有办法还你。"于是从篮子里拿出橘子皮，画了一只鹤在墙上，因为橘皮是黄色的，所画鹤也呈黄色。座中人只要拍手歌唱，墙上的黄鹤便会随着歌声，合着节拍，翩跹

黄鹤楼内"白云黄鹤"陶瓷壁画

起舞，酒店里的客人看到这种奇妙的事都付钱观赏。

如此过了十年多，辛氏累积了很多财富。有一天那位衣着褴褛的客人又飘然来到酒店，辛氏上前致谢说，我愿意供养您，满足您的一切需求。客人笑着回答说：我哪里是为了这个而来呢？接着便取出笛子吹了几首曲子，没多久，只见朵朵白云自空而下，画上的黄鹤随着白云飞到客人面前，客人便跨上鹤背，乘着白云飞上天去了，辛氏为了感谢及纪念这位客人，便用这些年赚下的银两在黄鹄矶上修建了一座楼阁。起初人们称之为"辛氏楼"，后来便称为"黄鹤楼"。

开篇压卷《黄鹤楼》

唐代诸多诗选，七律部分《黄鹤楼》开篇或压卷，是因为这首诗被后世称为"唐人七律第一"，这与李白有关。

在众多的唐代诗人中，和江汉地区结下了不解之缘的

首推唐代诗坛巨星、号称"诗仙"的李白。李白青少年时代在江汉地区漫游十多年，因而自称"少长江汉"。楚山

明·安正文《黄鹤楼图》

图说

安正文，江苏无锡人，生平画史无记载。据传世作品考，为明宫廷画家，授直正智殿锦衣千户。擅画山水、人物，尤长界画，宗法宋人笔意，所作界画构图严谨，比例精确，线条劲挺。

传世作品有《黄鹤楼图》和《岳阳楼图》。此《黄鹤楼图》为绢本，设色，纵162.5厘米，横105.5厘米，用笔简练流畅，气势雄伟，人物神态逼真，刻画细腻，功力深厚，现藏上海博物馆。

楚水曾造就过战国屈原这样伟大的诗人，李白成长也离不开壮丽的楚地山水对他的哺育和陶冶。李白的诗集中共收录诗歌1000余首，其中有关黄鹤楼和江夏、汉阳的诗共有50多首，武昌蛇山留下了许多李白的传说和遗址，有搁笔亭、太白亭、李白读书处等。由于崔颢的《黄鹤楼》诗，还引出李白"眼前有景道不得，崔颢题诗在上头"而搁笔的千古佳话。

历代诗人对李白在黄鹤楼上是否因崔颢诗而"搁笔"，众说纷纭。有人认为李白并未搁笔；有人对李白搁笔表示遗憾和惋惜；有人对崔诗不服气，叫喊"不准崔诗在上头"，似是意气用事。后世赞颂李白的谦虚和才华特建搁笔亭，清江夏县令曾衍东为此撰联"楼未起时先有鹤，笔从搁后更无诗"，而崔颢的《黄鹤楼》也凭借这一典故而成为"唐人七律第一"。

延伸思考

你都知道哪些著名的唐代诗人？

诗文链接

黄鹤楼

唐·崔颢

昔人已乘黄鹤去，此地空余黄鹤楼。
黄鹤一去不复返，白云千载空悠悠。
晴川历历汉阳树，芳草萋萋鹦鹉洲。
日暮乡关何处是，烟波江上使人愁。

渔舟唱晚，雁阵惊寒

江西南昌滕王阁

　　滕王阁位于江西省南昌市西北部沿江路赣江东岸，始建于唐永徽四年（653年），因唐太宗李世民之弟滕王李元婴始建而得名，又因初唐诗人王勃诗句"落霞与孤鹜齐飞，秋水共长天一色"而流芳后世。

滕王阁与湖北武汉黄鹤楼、湖南岳阳楼并称为"江南三大名楼"。历史上的滕王阁先后共重建达29次之多，屡毁屡建。

一气呵成千古名篇

据《唐摭言》记载，唐高宗上元二年（675年）秋天，十九岁的王勃前往交趾（今越南河内）探望他的父亲，路过洪州（今江西省南昌市）。正巧，洪州都督阎伯

延伸思考

除了"海内存知己，天涯若比邻"，你还知道王勃的哪些诗句？

唐 朝 散 郎 子 安 公 像

王勃

图说

初唐四杰：王勃、杨炯、卢照邻、骆宾王。

屿重修的滕王阁落成，他便在九月九日重阳节这天邀请本州官吏和有名的文人学士在滕王阁庆祝一番。王勃听说后欣然前往，阎都督早闻他的名气，便请他也参加宴会。

相传阎伯屿有个女婿，名叫吴子章，他的诗赋文章也都写得不错，很得阎都督的青睐。阎都督吩咐女婿提前准备好一片文章，以便在这次的宴会上一鸣惊人，吴子章埋头在书房里翻阅众多书籍，寻找典故，推敲字句，到了宴会这天，他早早就把事先准备的文章背得滚瓜烂熟了。

宴会当晚，酒过三巡，阎都督让人拿出纸笔，假意请宾客们为这次盛会即兴作序。客人们知道他的用意，都一一礼貌地拒绝，纸笔送到王勃这里，他竟不推辞，大大方

滕王阁

图说

　　滕王阁，中国古典建筑的巅峰代表，始建于唐永徽四年（653年），为唐高祖李渊之子李元婴任洪州都督时所创建。

延伸思考

唐朝文学大致分为哪四个阶段？

方地接到手中。大家注意到王勃的举动，不禁对着这个"不客气"的年轻人议论纷纷，而阎都督心里虽不痛快，但实在不好多说什么，便走到后面的帐子中，吩咐手下人把王勃写的文章一字一句地即时报上来。

王勃镇定从容地铺好纸张，摆好笔砚，略加思索之后，提笔就写了起来。听到侍从传来："南昌故郡，洪都新府。"时阎都督漫不经心地说：文章这样开头，不过是老生常谈！又听到："星分翼轸，地接衡庐。"阎都督沉默不语。随着侍从们不断来报，阎都督心情越来越不平静。当报到"落霞与孤鹜齐飞，秋水共长天一色"时，阎都督不禁拍案惊叹"真天才也！当垂不朽！"

王勃旁若无人，只是奋笔疾书。他从南昌的地理位置、山川形势和历史人物，写到今天宴会的盛况；从滕

滕王阁内的汉白玉浮雕《时来风送滕王阁》

王阁的远近景物，写到自己的处境和愿为国家做一番事业的政治抱负。最后又用一首七言古诗作结。这篇用当时流行的骈体文写成的《秋日登洪府滕王阁饯别序》（简称《滕王阁序》），全文765字，一气呵成，文情并茂，在座的人无不赞叹，连自负才高的吴子章也只能自叹弗如了。

🔍 **成语**

妙笔生花
形容所写的文章非常美妙。

李太守题滕王阁联

滕王阁自从有了王勃的《滕王阁序》声名更盛，登楼览胜的游人络绎不绝，更是名士墨客题咏扬名的好去处。据传，旧时挂在滕王阁大门口的匾额"仙人旧馆"，是南昌太守李春园题书的。巡抚姚铁松到南昌，登滕王阁时见到匾额，非常喜欢，要求太守把匾额的署名换成他的名字，太守不肯。姚铁松说："不改也行，那你就以我的名义撰写一副好对联镌刻到大门两旁。"官大一级压死人，李太守只好从命，经过苦思冥想，写出了脍炙人口的千古名联：

我辈复登临，目极湖山千里而外；
奇文共欣赏，人在水天一色之中。

虽然这副对联被张冠李戴，姚巡抚欺世盗名的伎俩毕竟是雪底下埋不住人的，到头来流芳千古不成，倒落下个千古笑柄。

🔍 **成语**

贻笑大方

贻，留下；贻笑，让人笑话；大方，专家、内行人。让内行人见笑。

🔗 **诗文链接**

题滕王阁

宋·周弼

高阁巍峨接水滨，兴亡才问便伤神。

鸣鸾东阁知何处，跨鹤西山别有人。

柳映落霞江渚暮，草铺斜日野田春。

群鸥亦厌多悲感，偏与忘机客最亲。

福荫万代的水利工程

都江堰

　　都江堰是世界文化遗产（2000年被联合国教科文组织列入"世界文化遗产"名录），世界自然遗产（四川大熊猫栖息地），全国重点文物保护单位，国家级风景名胜区，国家AAAAA级旅游景区。

都江堰坐落在成都平原西部的岷江上，两千多年来一直发挥着防洪灌溉的作用，使成都平原成为水旱从人、沃野千里的"天府之国"，至今灌溉区已达30余县、市，面积近千万亩，是全世界迄今为止年代最久、唯一留存、仍然使用、以无坝引水为特征的宏大水利工程，凝聚着中国古代劳动人民勤劳、勇敢、智慧的结晶。

李冰父子与都江堰

古代蜀地原本是一片安定的土地，平原沃土，这里的人民过着打鱼耕种的悠闲生活，可是好景不长，从山里发源流出的岷江时常发生洪灾，冲毁了房屋和田地，因此当地又被称为"泽国""赤盆"。四川人民世世代代同洪水作斗争，到秦惠文王九年（前316年）时，秦国吞并了蜀国。秦国君主为了彻底治理岷江水患，便任命精通治水的李冰为蜀守。

李冰到任后，和他的儿子二郎沿岷江岸进行实地考察，了解水情、地势等情况，便开始治水的行动。他们在成都平原冲积扇的顶部灌县玉垒山处开凿引水口，以保证水流顺畅；在修筑分水堰的过程中，采用江心抛石筑堰失败后，李冰另辟新路，让竹工编成长三丈、宽二尺的大竹笼，装满鹅卵石，然后一个一个地沉入江底，终于战胜了急流的江水，筑成了分水大堤。分水大堤前端开头犹如鱼头，所以取名叫"鱼嘴"。除了"鱼嘴"，都江堰还有"飞沙堰"和"宝瓶口"及渠道网等结构形成一个整体。江水出了"宝瓶口"，一部分流至用于灌溉农田的沟渠中，这位于首位的沟渠便叫作"宝瓶口"。后来为了进一步控制流入宝瓶口的水量，在鱼嘴分水堤的尾部，又修建了分洪用的平水槽和"飞沙堰"。当水位过高的时候，洪水就经由平水槽漫过飞沙堰流入外江，以保障内江灌区免遭水淹。

都江堰的修成，不仅解决了岷江泛滥成灾的问题，而且从内江下来的水还可以灌溉十几个县，灌溉面积达三百多万亩。从此，成都平原成为"沃野千里"的富庶之地，获得"天府之国"的美称。李冰父子所建的都江堰直至今天仍然造福于川蜀的土地，堪称世界奇迹。为纪念李冰及其子二郎的贡献，当地人修建了"二王庙"。

四川都江堰"二王庙"

🔍 **成语**

饮水思源

喝水的时候想到水的来源。比喻不忘本。

李冰父子雕像

图说

李冰（前302—前235），战国时代秦国著名的水利工程专家。公元前256—前251年被秦昭王任为蜀郡（今成都一带）太守。期间，李冰治水，创建了奇功，其建堰的指导思想，就是道家的"道法自然""天人合一"的思想。

二郎擒孽龙

相传，秦朝时候，川西坝子经常涨大水，李冰叫二郎去上游看个明白。二郎走到玉垒山，听到一间茅草房里，传出有人哭的声音。走进去一看，是一位白发老太婆。二郎问她为什么哭？她说："岷江出了个孽龙。动不动就涨水害人。大家怕它，每年六月二十四，要送猪牛羊祭献它。三年大祭时，还要送童男童女。我那可怜的小孙女就要看不到啦！"二郎恭恭敬敬地说："婆婆不要着急，你的小孙女不会走的!"老太婆仔仔细细地朝二郎看了一阵儿,说:"小伙子,你是来收孽龙的吧。可要小心啊!"二郎听后受到启发说:"婆婆说得对,你老人家贵姓?"那老太婆说:"姓王,娘家住在骊山,人们叫我骊山老母。"二郎告别,走了几步,回头一看。那间茅草房忽然不见了,才晓得是神仙来点化他。二郎回去把王婆婆的话说给李冰听了。他们商量一阵,定了个主意,要收拾孽龙。

六月二十四那天李冰传话:他要亲自给孽龙敬献供品。像往年一样,在江神庙内摆好祭坛,献上供品,请来一些吹鼓手,吹吹打打。不一会儿,孽龙来了,他进了庙门,先把祭坛两边的一对童男童女盯了又盯,觉得今年的这两个都不像娃儿,有一个好像还长有三只眼睛。孽龙心虚,不敢再朝前走,眼看就要开溜。这时候,装扮成童女的二郎,三只眼睛一齐睁开,唰一声亮出了三尖两刃刀。那个装成童男的煤山的弟兄,带着哮天犬,一齐围了过来。孽龙吓得不住打冷噤,急忙往河里跑。二郎也撵到了河头。孽龙在浪里一滚,变成个水鸭子,冲出浪花,朝二峨山飞去。二郎的神眼盯到了它,马上变成个老鹰,也跟着飞了过去。眼看快抓到时,孽龙却把翅膀一收,一头钻进山湾深潭。二郎的神眼一扫,晓得孽龙要从暗河逃跑,一屁股坐在暗河出口处,假装洗脚。孽龙刚刚钻出来,二郎用脚使劲一夹,可惜夹慢了一点,只夹住几根尾巴毛。孽龙一下子又变成黑鱼,潜到水底。二郎马上变成鱼老鸹,跟着它游。孽龙一冲上岸,变成一丈多长的蜈蚣,用毒须去扫二郎。哪晓得二郎变成了八丈高的大公鸡,要啄蜈蚣。孽龙赶忙口吐毒液,趁烟雾朦胧的一瞬间跑掉了。

💡 **延伸思考**

都江堰的建成给周边百姓带来了哪些好处?

　　孽龙跑到青城山王婆岩，变成个游山大汉。它肚子饿慌了，看见路边有个卖面的小店。老板娘正在案板上搓面条。孽龙走进店内，求老太婆快给他下碗面。老太婆满口应承，很快就端出来了。孽龙三下两下吃完面，还想再吃一碗，突然肚子七拱八翘剧痛起来。它赶忙拿手去按，一按痛得更凶，头上豆子大的汗珠不住地冒，恶心想吐。它眼看二郎追来心头一急，"哇"的一下吃下去的面条全都吐出来了，只有一根粗的卡在喉咙管。它往地下一看，面条变成了铁链子，卡在喉咙管的那一截，直勾在心尖上。回头想问老太婆，却见她早就死死地抓住铁链子，正拿着交给二郎。二郎对她拱手说："谢过骊山老母。"这一下孽龙全明白了，它还想逃脱，就使劲奔出去，滚到沟边。二郎跟着追来，逮住链子一扯，孽龙现出原形，用尾巴一扫。二郎跌坐在大石上，屁股在石头上印下两个坑。孽龙扫过的岩边，玉光水滑的，如今叫作"龙滚边"，但它还是没有逃脱。二郎牵着它，从王婆岩龙洞子地道，押到离堆脚下的伏龙潭，锁在那里的铁柱上，叫它吐水灌田。

　　百姓为了纪念李冰和二郎的功劳，在离堆上修起一座庙，名叫"伏龙观"。

🔗 诗文链接

都江堰

清·吕元亮

啮山喷怒雪，垒石卧寒云。

禹绩真堪补，双流此地分。

"三孔"是怎么回事

孔子

山东曲阜的孔府、孔庙、孔林，统称曲阜"三孔"，是中国历代纪念孔子，推崇儒学的表征，以丰厚的文化积淀、悠久历史、文物珍藏以及科学艺术价值而著称。

山东曲阜是孔子的故乡。孔子生前在此开坛授学，首创儒家文化，为此后的中国历史深深地打上了儒学烙印。

孔子安葬在山东曲阜。经历朝历代不断修建，发展成现今的旅游景区：孔林、孔庙、孔府。

孔子（前551—前479），名丘，字仲尼，春秋末期鲁国人。孔子终生博学好礼，《论语》中有言："吾十有五而志于学"，到二十岁时他便定下了从政的人生追求，然而孔子在政治上没有过大的作为，因此他将很大一部分精力用在教育事业上。他创办"私学"，周游列国，广收弟子，教授"礼、乐、射、御、书、数"等"六艺"，传播智慧和道德修养，最多时孔子弟子多达三千人，其中的"七十二贤人"最为著名。《汉书·艺文志》记载："儒家者流，盖出于司徒之官，助人君顺阴阳明教化者也。游文于六经之中，留意于仁义之际。""儒"是春秋时从巫、史、祝、卜中分化出来的、熟悉诗书礼乐等"六艺"而为统治服务的人。这与孔子的教学内容十分契合，因此孔子所创之学也叫"儒学"。

孔庙

曲阜孔庙的历史可以追溯到孔子逝世的第二年，即周敬王四十二年（鲁哀公十七年，公元前478年）。宗庙规格按照周代礼制规定："天子七庙，诸侯五庙，大夫三庙，士一庙，庶人无庙。"士与大夫的庙设定在其住宅东侧，与住宅同为一大门之内。孔子在鲁国从政时，最高担任过"大司寇"一职，但在其周游列国回国之后，一直未从政，所以论其身份，仍为"布衣"。后人为其立庙，实际上有所不同于常理。因宅立庙，是因为故宅最能使人触景生情。最初立庙的目的是为了悼念孔子，将孔子生前所穿过的衣物、乘过的车、用过的琴等物品收集起来，做以

孔庙

图说

　　曲阜孔庙，位于曲阜市中心鼓楼西侧300米处，是祭祀中国古代著名思想家和教育家孔子的祠庙。始建于鲁哀公十七年（前478年），历代增修扩建，与相邻的孔府、城北的孔林合称"三孔"。它是一组具有东方建筑特色、规模宏大、气势雄伟的古代建筑群。

纪念。当时的孔庙布局尚无记载，只能依照常理推测为庙屋三间。

孔府

孔子从20多岁开始开始创办私人学校。那个时候还没有私人学校。孔子觉得：把知识从贵族的官学中传授给平民百姓，这才是最伟大的事业。要想让老百姓有知识、有文化就得办教育。所以孔子就成了人类历史上第一个私人办学的人，成为世界上伟大的教育家。孔子创办的学校开放式招生。无论你是当官的也好，囚犯也好，穷人也好，只要你愿意来上学，孔子就收。当然你得交学费。有钱的多交点儿，没钱的少交点，实在交不起钱的，不用交钱了，孔子还拿钱管学生吃饭。比如孔子有个学生叫子贡，是天下首富。还有个穷的学生叫颜回，孔子很喜欢他：贤哉回也！一箪食，一瓢饮，在陋巷，人不堪其忧，回也不改其乐。

孔府

图说

　　孔府，位于中国山东省曲阜市，是孔子嫡长子孙的府第，即衍圣公府。孔府是中国重点文物保护单位，1994年12月被列为世界文化遗产。

　　1377年始建孔府，1503年重修拓广，1838年扩修。1885年重建遭火焚的内宅七座楼房。中华人民共和国成立后，人民政府多次拨款重修，现保存良好，为全国重点文物保护单位。孔府设六厅，在二门以内两侧，分别为管勾厅、百户厅、典籍厅、司乐厅、知印厅、掌书厅。大堂为明代建筑，共五间深三间，宽敞大方，为当年宣读圣旨、接见官员、审理重大案件之处。

🔍 成语

诲人不倦

诲，教诲、教导。教导人时很有耐心而不知疲倦。

孔林

　　孔子还有一位有趣的学生叫公冶长，他能听懂小鸟的话。每天上山打柴，同这些鸟一块戏耍。有一天，突然听到乌鸦说："公冶长，公冶长，南山有只獐，你吃肉我吃肠。"公冶长听后跑到了南山，果然看到有只死獐。他把死獐拖回家吃了，可是他忘记了乌鸦的话，把獐肠子埋了。乌鸦很生气，认为公冶长不够朋友，就想报复他。不久，公冶长正在山上打柴，突然乌鸦又说："公冶长、公冶长，北山有只羊，你吃肉我吃肠。"公冶长听后，又往北山跑去。在很远的地方，他发现一堆人围着看什么，他以为是一只死羊，恐怕被别人拖去，就喊："你们别动，是我打死的，是我打死的！"当他走近一看，躺在那里的

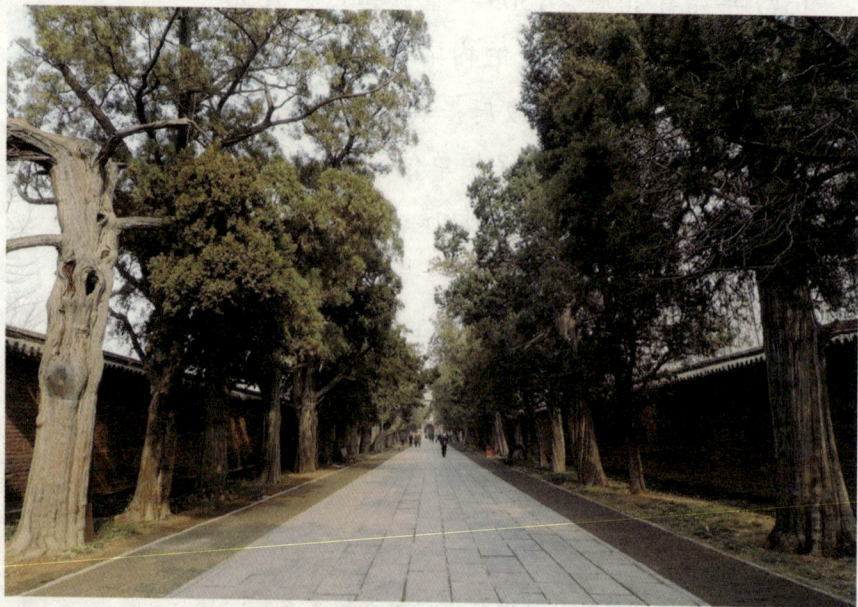

山东曲阜孔林

山东曲阜孔林

图说

孔林旅游区位于曲阜城北，是孔子及其家族的墓地，也是目前世界上延时最久、面积最大的氏族墓地。孔子卒于鲁哀公十六年（前479年）四月，葬鲁城北泗上。其后代从冢而葬，形成今天的孔林。

从子贡为孔子墓植树起，孔林内古树已达万余株。自汉代以后，历代统治者对孔林重修、增修过13次，以至规模越来越大，总面积约2平方公里，周围林墙共5.6公里，墙高3米多，厚1米。郭沫若曾说："这是一个很好的自然博物馆，也是孔氏家族的一部编年史"。孔林对于研究中国历代政治、经济、文化的发展以及丧葬风俗的演变也有着不可替代的作用。

不是死羊，原来是一个死人（当时他还提把刀）。围观的人们把他捆了起来，送到县衙。县官问他为什么要打死人。公冶长申辩说："这个人不是我打死的，我也不知道谁打死的。"于是他将事情的经过向县官讲一遍，县官听了，暗说："人怎么能会鸟语？"他怕公冶长撒谎，就叫差役背着公冶长，逮一个小燕子装在一个笼子里，提到大堂上，这时老燕子飞来，在外面乱叫。县官就问公冶长："外边燕子说什么？"公冶长就说："禀告大人，外边的燕子在说：我一没有得罪你，二没碍着你，为什么把我的孩子关在笼子里？"这时县官才真正相信公冶长懂得鸟语，确定他没有杀人，就把公冶长放了。

> ☼ **延伸思考**
>
> 古代中国是十分封建的，孔子是如何对待鬼神的呢？

> 🔍 **成语**
>
> **三人行，必有我师**
>
> 三，表示多数；行，行走。几个人一起走路，其中一定有可以做我老师的。指应随时随地学习别人的长处。

🔗 **诗文链接**

悲哉孔子没

宋·王安石

悲哉孔子没，千岁无麒麟。

蚩蚩尽钮商，此物谁能珍。

汉武得一角，燔烹诬鬼神。

更以铸黄金，传夸后世人。

春秋淹城说春秋

淹城遗址

　　关于淹城的来历和淹城的主人究竟是谁，史学界和考古界众说纷纭，至今尚无定论。一说淹城是夏桀的离宫。一说淹城曾是商末周初奄国的国都，奄君就是当时在山东曲阜之东的奄国君主。

相传奄君就是周初与商代后人武庚勾结发动叛乱的奄国君王，被周成王平定后，带领残部从山东辗转逃到江南，在这里凿河为堑，堆土为城，仍称"奄"。因为古代三点水的"淹"字与没有三点水的"奄"字通用，遂有"淹城"之名。

神龟救奄

相传，商汤时期，山东泰山南侧的汶泗流域有一鼋姓的部族方国，族民素有崇龟的习俗，因而由"大龟"合文为"奄"，作为国名，龟族即奄族。后来，奄族因追随商纣，被周武王讨伐殷纣时灭国。族民迁移山东曲阜东部。不料数年后，奄国又因牵涉"三监"叛乱，再次被周公旦东征时赶杀，奄君受到重伤奄奄一息，族民只得拥新君迁移到淮夷之地。但周朝新君成王担心奄族还存谋反之心，想要赶尽杀绝，于是率兵亲征。小奄君无奈，只得再次带着族民向东南方逃避。

他们逃到长江边，却被滔滔江水阻拦。小奄君听得追兵杀声越来越近，急得手足无措，仰天长叹一声："天亡吾奄耳！"说完就想跳江自尽。此时，他随车携带的一只乌龟突然开口说道："主公勿忧！"说罢跳下车来。这是一只怪异之龟，身长六只脚，被他人嫌弃，是小奄君自幼饲养。只见这六脚乌龟飞快爬到水边，伸长脖子喝起水来。但听得水流哗哗作响，被乌龟大口大口吸入肚中。乌龟呢，见水便长，不一会儿身躯就变得巨大。此时，六脚龟示意小奄君和族民站到它的背上。说来也怪，小奄君和族民依次往上站，却不觉得拥挤。乌龟见族人全部站上去后，嘱咐他们千万不可睁眼。

六脚龟一声长啸，顿时狂风大作，飞沙走石，六脚龟中间两只脚变成一对二丈长的翅膀，腾空而起，眨眼工夫便飞过江面。落在南岸后，六脚龟收回翅膀，竟向东南方飞快爬去。族民站在龟背上虽然稳当，只是听得耳边呼呼风声，也吓得都抱成一团，谁也不敢睁开眼睛。

也不知过了多长时间，六脚龟爬到了江南一片沼泽荒地，终于累垮了。它停下脚步，转身看看背后是否还有追兵。当它艰难地转身向西北方一看，只有一望无际的荒芜沼泽之地，才放下心来。不料，它这一转，却再也无力动弹了，仅仅一炉香的工夫便气绝身亡，身体慢慢地陷入湿地里，凸现出一个方圆数里的龟形图案。

赑屃

图说

赑屃，是中国古代传说中的神兽，是龙之九子第六子，样子似龟，喜欢负重。赑屃是长寿和吉祥的象征。它总是奋力地向前昂着头，四只脚顽强地撑着，努力地向前走，并且总是不停步。

小奄君和族人见状，放声大哭。为纪念六脚神龟的大恩大德，小奄君即下令按地面龟形开河筑城，让神龟永远留在奄族人身边。

后来，奄城成了龟形，神龟的头尾和六只脚成了八条河，奄城大门设在龟口之处，朝着西北方了。

三家分晋

春秋时期，经过长期的争霸战争，许多小的诸侯国被大国并吞了。有的国家内部发生了变革，大权渐渐落在几个大夫手里。这些大夫原来都是王室贵族，为了扩大自己的势力，他们积极对外征战，就这样，他们的势力越来越大。

一向称为中原霸主的晋国，到了春秋末期，国君的权力也衰落了。智伯瑶执政后，召集三家大夫赵、魏、韩说："晋国本来是中原霸主，后来被吴、越夺去了霸主地位。为了使晋国强大起来，我主张每家都拿出一百里土地和户口来归给公家，我智家先拿出一个万户的土地献给晋公，你们呢？"

三家大夫都担心失去土地后，自家的实力会下降，都不愿献出封地。可是三家心不齐，韩康子、魏桓子惧怕智伯瑶的威力，让了土地、户口。赵襄子却说什么也不答应。智伯瑶回报晋出公，晋出公命令智家和韩、魏两家一起发兵攻打赵家。

赵襄子自知寡不敌众，就带着赵家兵马退守晋阳城，凭着弓箭死守了两年多。

有一天，智伯瑶想到了一个主意：把晋水引到西南边来，晋阳城不就淹了吗？他就吩咐兵士在晋水旁边另外挖一条河，一直通到晋阳，又在上游筑起坝，拦住上游的水。

这时候正赶上雨季，水坝上的水满了。智伯瑶命令兵士在水坝上挖开了个豁口。这样，大水就直冲晋阳，灌到城里去了。

智伯瑶约韩康子、魏桓子一起去察看水势。他指着晋阳城得意地对他们两人说："你们看，大水也能灭掉一个国家呢。"

韩康子和魏桓子心里暗暗吃惊。原来魏、韩两家的封地旁边也各有一条河道。智伯瑶的话正好提醒了他们，晋水既能淹晋阳，说不定哪一天他们也会遭此命运呢。

晋阳城危在旦夕，赵襄子派张孟谈偷偷地出城，找到了韩康子和魏桓子，约他们反过来一起攻打智伯瑶。韩、魏两家正在犹豫，经张孟谈一说，自然都同意了。

智伯瑶引水灌晋阳而开凿的沟渠，后人取名"智伯渠"

韩、赵、魏联手消灭了智伯瑶后，平分了智家的土地。晋出公向齐、鲁两国借兵讨伐，却被三家联手打败，只好被迫出逃，结果病死在路上。此后，三家又把晋国留下的其他土地也瓜分了。

公元前403年，韩、赵、魏三家打发使者上洛邑去见周威烈王，要求周天子把他们三家封为诸侯。周威烈王心想，不承认也没有用，不如做个顺水人情，就把三家正式封为诸侯。打那以后，韩、赵、魏都成为中原大国，加上秦、齐、楚、燕四个大国，历史上称为"战国七雄"。

🔍 **成语**

逐鹿中原

逐鹿，比喻争夺天下；中原，指黄河中下游地区，泛指中国。比喻群雄争夺天下。

🔗 **诗文链接**

春秋战国门·再吟

唐·周昙

周室衰微不共匡，干戈终日互争强。

诸侯若解尊天子，列国何因次第亡。

朴素淡雅的避暑胜地

承德避暑山庄

　　承德避暑山庄又名"承德离宫"或"热河行宫"，位于河北省承德市中心北部，是清代皇帝夏天避暑和处理政务的场所。

避暑山庄关帝庙

延伸思考

你知道中国四大名园吗？

避暑山庄以朴素淡雅的山村野趣为格调，取自然山水之本色，吸收江南塞北之风光，成为中国现存占地最大的古代帝王宫苑。

丽正门

丽正，取自《易经》："日月丽于天"，意思为光明正大的门。因我国的封建皇帝都自诩为受命于天的天子，故名其正门为丽正门。在我国历史上，元朝大都北京皇城的正门曾叫丽正门，明代改称正阳门。清帝乾隆将避暑山庄兼正宫的正门命名为丽正门，表明这里是同皇城一样重要的政治活动场所。丽正门前正中央门洞上方，镶有乾隆用汉、满、蒙、维、藏五种文字题写的"丽正门"石质匾额，这是我国统一多民族国家的象征。中门北面的门额上

丽正门

　　丽正门既是避暑山庄的正门，也是正宫的正门，建于乾隆十九年（1754年）。它是个重台城门，有三个长方形拱门入口，重台上建有城阁三间。门前列石狮一对，左右立下马碑各一，迎面建有30米长的红照壁。布局规格严整，风格质朴秀丽，为避暑山庄的乾隆三十六景之首。

刻有乾隆皇帝于乾隆十九年（1754年）写的一首诗：

　　　　岩城埤堄固金汤，叆荡门开向午阳。
　　　　两字新题标丽正，车书恒此会遐方。

天下第一错字

之所说它是"天下第一"，因为这字一是影响大，二是皇帝写的，确确实实写错了，且找不出合理的解释理由。此匾悬挂于避暑山庄正宫内午门中门上方，匾的四周环绕鎏金铜龙浮雕，蓝色匾心有四个金光闪闪的大字："避暑山庄"。一眼看去就会发现，"避"字右边的"辛"下部多写了一横。此错字是谁人所写？乃出自大名鼎鼎的康熙皇帝之手也，是皇帝的亲笔御书，题写于康熙五十年（1711年）。康熙多写一横，臣僚应该当即看出来了，但皇帝即便写错了也是对的，谁敢提醒皇帝说写错了？何况皇帝有造字的特权。

早在一千多年前的唐代，流传至今的《唐写本唐人选唐诗》中，李白《古蜀道难》："朝避猛虎，夕避长蛇。"两个"避"字均多一横。康熙饱读汉文诗书，绝非笔误而是有所用意。

康熙写的错字不止避暑山庄一处，在全国不少著名景区都能看到康熙的御笔，所以，现在人们能看到的康熙错字还不少。如在著名的景区杭州西湖，就有康熙书写的错字——"鱼"，这个错字最有说法。"花港观鱼"是西湖十景之一，那块"花港观鱼"碑，就是康熙的御笔。碑上的繁体"魚"字下面的四点变成了三点，少了一点。这是怎么一回事？如果说避暑山庄的"避"康熙不会写还情有可原，但这"鱼"不会写实在说不过去。原来这里有一个传说，康熙不是不会写这个字，而是有意写错。原来康熙信佛，有好生之德，题字时他想"魚"字下面有四个点不

避暑山庄碑匾

好，因为在旧时四点代表"火"，鱼在火上烤，还能活吗？这是杀生啊，于是有意少写了一点——三点成"水"，这样鱼便能在湖中畅游，潇洒地活了。后来，乾隆下江南时，还曾和诗一首："花家山下流花港，花著鱼身鱼嘬花。最是春光萃西子，底须秋水悟南华"。诗句刻在碑后，成为一段佳话。

🔍 **成语**

歪打正着

斜着方向打出去，却正好击中了目标。比喻方法本来不恰当，却出乎意料地得到了满意的结果。

热河泉景

热河泉的美丽传说

　　相传在很久很久以前，在一条山沟里住着一位祖传三代的老中医普济众生。他六十多岁才有了一个儿子，取名善童。小孩子聪明乖巧，十一岁跟着父亲学医道，十二岁就会诊脉、开方子。十五岁那年，老中医夫妻双双病故。

　　善童把二老发丧后，像父亲生前一样为乡亲们治病。有一年，街上流行瘟疫，他在挖中草药的时候太累了就睡着了。朦胧间，有一位白发老人对他说："小伙子，单靠这山上的几味草药是不能治好瘟疫的，非'无根水'不可。"老人又递给善童一把金钥匙，告诉他："等见到车上墙、牛上树的时候，去问一个戴铁帽子的人，他会告诉你一切。"白发老人不见了，善童一着急醒了，原来是场梦。他揉揉眼睛立刻去找无根水。

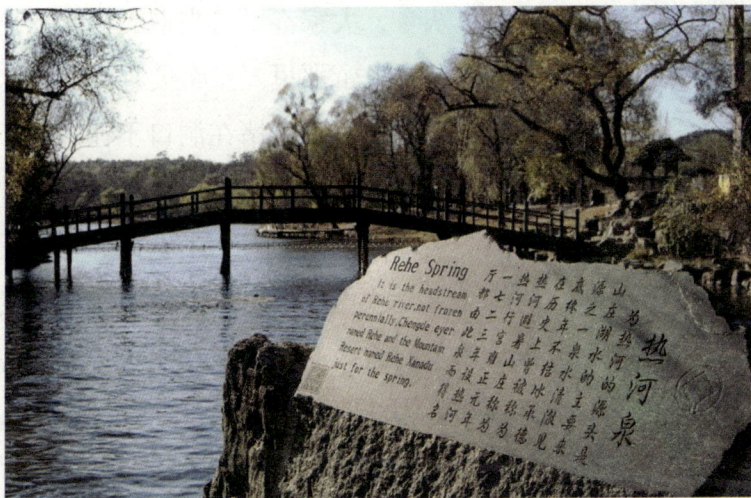

热河泉

　　不知走了多远，只见一间茅草房，东山墙旁长着一颗大歪脖树，一头小牛正在上面吃白菜叶子，西山墙上挂着纺车。善童一想，这不正是白发老人说的车上墙、牛上树吗！只见小屋前坐着一位老人，善童走上前，说明来意。老人告诉他，无根水在一座花山里，若想得到它，需要战胜九条毒蛇，然后再如此这般……就可以用无根水为乡亲们治病了。

　　善童谢过老人，找到那座花山，果然蹿出几条大蛇。善童抢起镐头迎战，毒蛇喷出毒气，善童鼻孔里流出了血，一头栽倒在地。九条毒蛇正要吞吃他，他身上那把金钥匙放射出万道金光，照得毒蛇狂扭乱蹦，不一会儿就都死掉了。善童用金钥匙打开石门，按照老人教给他的法子把水烧开，折腾四十九遍，把不凉不热的无根水倒进莲花玻璃缸，人们在外边就可以取到这个能祛瘟疫的药引子了。

　　乡亲们有了无根水做药引子，很快病就治好了。消息传遍了十里八乡，大家都纷纷来取无根水。用无根水治病的消息也传到了皇帝那里。皇帝要独霸无根水，就带上兵丁来抢莲花玻璃缸。善童堵在洞口不让进去，和兵丁打了起来。但寡不敌众，他在万不得已时，只得把石门关了。这下惹恼了皇帝，他命令兵丁用土把洞口堵死。

从此，善童就再也没出来。被堵在洞里的善童，还一心想着给乡亲们治病的事，他在洞里仍然不停地往外送无根水。无根水从洞里流出来，汇成一眼热水泉，泉满外溢，又形成一条热水河，人们称之为"热河"，该泉被人们称为"热河泉"。

🔗 诗文链接

避暑山庄（为皇祖临幸最爱之地亦孙臣受恩特深处也八年谒陵便道驻跸数日曷胜今昔之感诗以志弗忘云）

清·爱新觉罗·弘历

轩墀敞御园，草树静高原。

游豫思仁祖，麻和逮孝孙。

桥山将酹爵，玉馆此停辕。

罨画山容在，修蛇电影奔。

禽言欣客至，蛮语诉秋繁。

阶篆苔纹暗，碑诗钗脚存。

圣踪犹可想，衷曲向谁论。

倍切乾乾志，虞孤覆载恩。

春风不度玉门关

玉门关遗止

　　据《汉书·地理志》记载，玉门关与另一重要关隘阳关，均位于敦煌郡龙勒县境，皆为都尉治所，为重要的屯兵之地。当时的中原与西域交通莫不取道两关，曾是汉代时期重要的军事关隘和丝路交通要道。

　　玉门关，始置于汉武帝开通西域道路、设置河西四郡之时，因西域输入玉石时取道于此而得名。汉时为通往西域各地的门户，故址在今甘肃敦煌西北小方盘城。

马迷途传说

　　古时候，在甘肃小方盘城西面，有个驿站叫"马迷兔"，又叫"马迷途"。商队从边陲于阗运玉到中原都要经过此地。这里的地形十分复杂：沼泽遍布、沟壑纵横、森林蔽日、杂草丛生。每当运玉石的商队赶上酷热天气上路时，为避免白天人、畜中暑，总是喜欢晚上凉凉快快赶路。因此，每当马队走到这里，总是一片黑暗，辨不清方向，就连经常往返于此路的老马也会晕头转向，难以识途，"马迷途"的名字就是这样叫起来的。

　　有一支专贩玉石和丝绸的商队，常年奔波于这条路上，也常常在"马迷途"迷失方向。有一次商队刚进入"马迷途"就迷路了。人们正在焦急万分之际，忽然不远处落下一只孤雁。商队中一个小伙子悄悄地把大雁抓住，心地善良的他，把它抱在怀里，准备带出"马迷途"后再放掉。

　　不一会儿，只见大雁流着眼泪对小伙子咕噜咕噜地叫着说："咕噜咕噜，给我食咕噜咕噜，能出迷途。"小伙子听后恍然大悟，知道大雁是因为饿得飞不动才掉队的，便立即拿出自己的干粮和水让大雁吃个饱。大雁吃饱以后，呼的飞上天空，不断盘旋，领着商队走出了"马迷途"，顺利地到达了目的地小方盘城。

　　过了一段时间，这支商队又在"马迷途"迷失了方向，那只大雁又飞来在空中叫着："咕噜咕噜，商队迷路。咕噜咕噜，方盘镶玉。"边叫边飞，又引着商队走出了迷途。只有那个救大雁的小伙子听懂了大雁的话语，并转告领队的老板说："大雁叫我们在小方盘城上镶上一块夜光墨绿玉的玉石，以后商队有了目标，就再也不会迷路了。"老板听后，心里一盘算，一块夜光墨绿玉要值几千两银子，实在舍不得，就没有答应。

没想到下一次商队又在"马迷途"迷了路，数天找不到水源，骆驼干渴得喘着粗气，人人嘴干舌燥，口渴得寸步难行，生命危在旦夕，正在此时，那只大雁又飞来了，并在上空叫道："商队迷路，方盘镶玉，不舍墨玉绝不引路。"小伙子听罢急忙转告给老板，老板慌了手脚，忙问小伙子到底应该怎么办才好，小伙子说："你赶快跪下向大雁起誓：'一定镶玉，绝不食言'"。

老板马上照小伙子说的，跪着向大雁起誓，大雁听后，在空中旋转片刻，把商队又一次引出了"马迷途"，

玉门关

商队得救了。到达小方盘城后，老板再也不敢爱财了，立刻挑了一块最大最好的夜光墨绿玉，镶在关楼的顶端，每当夜幕降临之际，这块玉便发出耀眼的光芒，使人将方圆数十里看得清清楚楚，过往商队有了目标，再也不迷路了。从此，小方盘城就改名为"玉门关"。

成语

迷而不返

迷，指迷失了道路；返，返回。迷失了道路而不知返回。比喻犯了错误却坚持不改。返，也作"反"。

骆驼生病传说

玉门关，是古时候从中原通往西域的重要通道之一，也是我国丝绸之路的重要一段。传说，古时候人们从中原向西域运输丝绸和玉石，玉石和丝绸都是由骆驼来驮着的，货物十分沉重，加之沙漠烈日的炙烤，骆驼常常一把货物运进小方盘城（玉门关）就马上病倒了。这让许多商队头痛不已。

这时，一位长期生活在西域的老者自称有着妙手回春能治百病的能力，看了看这些骆驼便说："这些骆驼是因为长期在大漠上行走，沾染了大漠上的邪气，所以一进城就病倒了。你们要在这关口的门上镶嵌一块玉石，骆驼身上的邪气就全都被吸净了，你们的骆驼就可以好起来。"于是商人赶紧从货物里挑选了一块质量最上乘的墨玉，镶在了城门上。果然，不出半天，商队里的骆驼全都好了起来，行走如初。

骆驼

图说

　　骆驼，头较小，颈粗长，弯曲如鹅颈。躯体高大，体毛褐色。骆驼可以在没有水的条件下生存3周，没有食物的条件下可生存一个月之久，极能忍饥耐渴。

　　于是，这神仙妙法便一传十，十传百，过往的商人们都把自己所运输的最好的玉石镶嵌在关口上，自己的骆驼就全都不会生病。久而久之，此关门上镶满玉石，就被人们称为"玉门关"。

书法家机智断句

　　相传某书法家为慈禧题扇，内容是王之涣的《凉州词》："黄河远上白云间，一片孤城万仞山。羌笛何须怨杨

柳，春风不度玉门关。"匆忙之中漏一"间"字。一大臣看出，指为欺君。慈禧大怒，欲问斩。

书法家忙说："老佛爷息怒，这不是王之涣的《凉州词》，而是小臣据《凉州词》填的小令。"书法家朗朗诵道："黄河远上/白云一片/孤城万仞山。羌笛何须怨/杨柳春风/不度玉门关。"慈禧大悦，不但未斩他，反而重重赏了他去。区区几个标点，却救了书法家一命。

🔍 成语

随机应变

机，机会；应变，应付突发的情况。指随着情况的变化而适时采取灵活的措施。

🔗 诗文链接

从军行七首·其四

唐·王昌龄

青海长云暗雪山，孤城遥望玉门关。

黄沙百战穿金甲，不破楼兰终不还。

灿烂的敦煌文化

敦煌莫高窟

甘肃莫高窟位于敦煌市东南 25 千米处，开凿在鸣沙山东麓断崖上。南北长 1600 多米，上下排列五层，高低错落有致，形如蜂房鸽舍，壮观异常。莫高窟是我国著名的四大石窟之一。

莫高窟，俗称千佛洞，坐落在河西走廊西端的敦煌。它始建于十六国时期，历经十六国、北朝、隋、唐、五代、西夏、元等朝代的兴建，形成巨大的规模。现有洞窟735个，壁画4.5万平方米，泥质彩塑2415尊，是世界上现存规模最大、内容最丰富的佛教艺术圣地。

莫高窟名称的由来

据莫高窟的碑文记载，公元366年，有位叫乐僔的僧人云游到鸣沙山东麓脚下，此时，太阳西下，夕阳照射在对面的三危山上，他举目观看，忽然间看见山顶上金光万道，仿佛有千万尊佛在金光中闪烁，又好像香音神在金光中飘舞，一心修行的乐僔被这奇妙的佛光景象感动了，他认为这就是佛光显现，此地是佛祖的圣地。于是，乐僔顶礼膜拜，决心在这里拜佛修行，便请来工匠，在悬崖峭壁上开凿了第一个洞窟。后来的弟子相继也开凿了石窟，但据说道行都"莫高于此僧"，因而被称为"莫高窟"，这是莫高窟名称由来的另一种说法。作为开凿第一个敦煌石窟的人，乐僔备受后世尊敬。

敦煌的王道士

1900年6月22日，住在莫高窟的当家道士王圆箓无意间在16号的洞窟中发现了5万多件经卷、文书、绘画，这个洞就是后来闻名于世的藏经洞。

藏经洞文物的发现，并未引起清朝的重视，而帝国主义的文化强盗却闻风而至，他们利用王道士的愚昧和无知，大肆掠夺。英国的斯坦因以考古为名，花了500两银子，用7天时间在洞内挑选了近万件写本、印本卷子，装满24大箱，其中，有长1丈多的唐绣观音和我国现存最早的雕版印刷品《金刚经》，另外还挑选了5箱精美绘画艺术品，运回英国后收藏于伦敦大不列颠博物馆。法国人伯希和得知后，也以50两银子一捆的代价，盗走5000多件珍品。美国人华尔纳用特殊的化学溶剂，剥走了7个洞中的26方壁画。

藏经洞被发现之后，王道士一次次地上报知县，都没有任何结果。他又斗胆给清宫的老佛爷写了秘报信。然而，

图说

王道士（1849—1931）湖北麻城人。本名王圆箓。虽身为道士，却成为佛教圣地莫高窟的"保护神"，四处奔波，苦口劝募，省吃俭用，化缘来的钱都用于修缮寺院。

大清王朝正在风雨飘摇之际，深居清宫的官员哪里能顾得上这等"小事"。王圆箓的企盼如泥牛入海，杳无音信。

当斯坦因把敦煌文物宣传于全世界之时，当朝命官这才懂得了其重要价值，但他们不是考虑如何地保护它，而是千方百计窃为己有。因此，一时间偷窃成风，敦煌卷子流失严重，这是敦煌卷子自发现以后最大的劫难。1910年，清政府做出决定，把剩余的敦煌卷子全部运往北京保存。

延伸思考

如果你是王道士，你会怎样保护莫高窟的文物呢？

莫高窟壁画的故事

故事的大意是，一次，有一个人掉入深水之中，仰天呼救，正逢九色鹿从河边经过，看到溺水人即将被激浪吞没。九色鹿奋不顾身将溺水人救上岸来。

溺水人为了报答九色鹿的救命之恩，起誓愿作奴仆终身，为鹿王采集水草。九色鹿谢绝了溺水人的祈愿。只希望溺水人为其保守秘密，千万不要向别人告诉它居住的地方。

溺水人应诺而去。这时国王的宠妃夜梦神鹿，身毛九色，双角如银，要求国王捕获神鹿，剥其皮毛做裘衣，取其犄角做拂柄。国王在宠妃的多次纠缠下，无奈张榜悬赏：若有捕获九色鹿者，愿赐一银碗金粟，一金碗银粟，并且分国一半，共同治理。溺水人得知此事之后，忘恩负义，贪财告密，并带领国王亲自进山捕获九色鹿。

此时九色鹿正在山林中安睡，九色鹿的好友乌鸦在树上看到围猎队伍时，赶紧去唤醒九色鹿，当九色鹿惊醒，举目四望，已被国王率领的猎队包围了。九色鹿大胆无

敦煌壁画

图说

　　敦煌壁画包括敦煌莫高窟、西千佛洞、安西榆林窟共有石窟552个，有历代壁画5万多平方米，是我国乃至世界壁画最多的石窟群，内容非常丰富。

畏，面见国王问道："是谁告诉你我在这里的?"国王手指溺水人。

　　九色鹿一见溺水人，义愤填膺，向国王控诉了溺水人的忘恩负义，国王听后，深为感动，谴责了溺水人的不义行为，即刻放九色鹿归山，并下令全国若有捕杀九色鹿者，株连五族。

溺水人从此口中发臭，身生恶疮，人人厌恶。王妃因没有达到私欲，悲愤而亡。

放下屠刀，立地成佛

印度古代摩伽陀国边境上，有五百个人结为一伙的强盗，拦路抢劫，枉杀无辜，断绝了与他国的道路。国王派遣大军征剿，强盗战败被俘后，受到割鼻、削耳、挖去双眼的酷刑，然后放逐山林。

强盗在山林中，悲哀恸哭，其声音传到佛说法处。佛祖怜悯，施法度救，以神通力，吹卷雪山香药，使五百强盗眼睛复明，身体康复，并现身说法使五百强盗皈依佛门，剃度出家，隐居山林，参禅入定，最后修成五百罗汉。

诗文链接

赋得边城雪送行人胡敬使灵武

宋·王偁

万里敦煌道，三春雪未晴。

送君走马去，遥似踏花行。

度迹迷沙远，临关讶月明。

故乡飞雁绝，相送若为情。

白帝城到底是城还是岛

白帝城

　　白帝城位于重庆奉节县瞿塘峡口的长江北岸，奉节东白帝山上，原名子阳城，为西汉末年割据蜀地的公孙述所建，公孙述自号白帝，故名城为"白帝城"。白帝城是观"夔门天下雄"的最佳地点。

重庆奉节县白帝城位于瞿塘峡口的长江北岸白帝山顶，东依夔门，西傍八阵图，一面傍山，四面环水，背倚高峡，雄踞水陆要津，扼三峡之门户，为历代兵家必争之地，距奉节城东8公里，距重庆市区451公里。它背倚高峡，前临长江，气势十分雄伟壮观，是三峡旅游线上久享盛名的景点。

历史悠久的白帝城

西汉末年公孙述据蜀，在山上筑城，因城中一井常冒白气，宛如白龙，他便借此自号白帝，并命此城为白帝城。公孙述死后，当地人在山上建庙立公孙述像，称白帝庙。

延伸思考

白帝城有哪些著名景点？

明正德七年（1512年）四川巡抚毁公孙述像，祀起江神、土神和马援像，改称"三功祠"。明嘉靖二十年（1533年）又改祭祀刘备、诸葛亮像，名"正义祠"，以后又添供关羽、张飞像，遂形成白帝庙内无白帝，而长祀蜀汉人物的格局。

白帝庙内有明良殿、武侯祠、观星亭等明清建筑。明良殿是庙内主要建筑，内有刘备、诸葛亮、关羽、张飞塑像。武侯祠内供诸葛亮祖孙三代像。祠前的观星亭，传说是诸葛亮夜观星象的地方。明良殿和武侯祠左右两侧藏有各代名碑。庙内还有文物陈列室、诗史堂，陈列着新石器时代以来出土的文物和古今名家的书画。这些古建筑和文物珍品，使白帝庙更为增色。

明良殿建于明嘉靖十一年（1532年），殿内供奉有刘备、关羽、张飞的彩色塑像。明良殿内最初是公孙述的塑

武侯祠

图说

　　武侯祠位于明良殿西侧。祠中供奉诸葛亮及其子诸葛瞻、孙诸葛尚的彩色塑像。据史书记载，诸葛亮的这一子一孙也是贤臣，为蜀汉百姓做了不少的好事。诸葛亮是刘备死后蜀汉的实际执政者，曾被封为武乡侯。他治蜀期间励精图治，政绩斐然。

　　像，是当时的老百姓为了纪念公孙述而建。因为公孙述称帝期间，各地战乱频仍，而白帝城一带却比较安宁，当地老百姓为了纪念公孙述，特地在白帝城兴建"白帝庙"，塑像供祀。至明朝，公孙述的塑像被搬开，为刘备像所代替，庙内还有关羽、张飞、诸葛亮的塑像。

　　传说，诸葛亮率军入川时，曾在此夜观星象，思考用兵战略，"观星亭"由此得名，亭上有一古钟高悬，亭中石桌、石墩上镌刻着杜甫居夔州时写的著名诗篇《秋兴八首》，雕刻精细，独具特色。

观星亭

图说

观星亭位于武侯祠之前。观星亭共有6角12柱，翘角飞檐，气度不凡。底层由12根木柱、上层由6根木柱支撑着。飞檐翘角，雕梁画栋，造型别致，设计十分考究。

东、西碑林分别位于明良殿与武侯祠两侧。这里荟萃了从隋代至清代的70多块碑刻，有篆、隶、楷、行、草各种字体的碑文，是中国书法艺术精品。其中，最著名的是两块隋碑，距今已有1300余年。一是《龙公山墓志》，一是金轮寺舍利塔碑。在东碑林，"凤凰碑"和"竹叶碑"风格独特，堪称瑰宝。东碑林的碑石上有清代人跋语："同治九年六月十九日，大水为灾，高于城五丈"的字样，这是长江特大洪水的水文资料，对研究历史上长江水位的变化颇有参考价值。碑林中还有一块刻着清康熙帝御笔的诗碑，赐给一位告老还乡的清官——监察御史傅作楫。诗文内容是："危石才通鸟道，青山更有人家。桃源意在何处，涧水浮来落花"。

武侯祠碑林

白帝城托孤

建安二十四年（219年），刘备在汉中之战中斩杀了曹操名将夏侯渊，击败曹操，占据战略要地汉中。在这样节节胜利的情况下，关羽孤军北伐曹魏，虽然水淹七军、擒于禁、斩庞德、围曹仁于襄阳，威震华夏，达到军事上的最高峰，但是荆州后方空虚，东吴违背湘水划界，在背后对盟友倒戈一击，吕蒙以白衣渡江乘机夺取荆州（主要是江陵和公安），最后关羽被吴军擒获，遭到杀害，"失荆州"使得蜀汉政权元气大伤，开始走下坡路。刘备尽起全国大兵去讨伐吴国，为关羽报仇，被陆逊击败，刘备兵败退到白帝城。

战略要地荆州的丢失，关、张败亡以及夷陵之战的大败，这一系列的事件使得新生的蜀汉政权内外交困。而在这个时候刘备又一病不起，这个依托刘备个人魅力建立起来的国家已经摇摇欲坠。刘备对诸葛亮说："如果你看阿斗

白帝城托孤场景图

是个当皇帝的料子，你就辅佐他，如果他不是个当皇帝的料子，你就自行取度吧。"诸葛亮哭着说："我一定尽我所能去中兴大汉，为了大汉竭智尽忠，直到死那一刻。"

🔍 **成语**

三足鼎立

鼎，古代青铜制的炊具，一般为三足两耳。比喻三方面并立对峙的政治局面。同"三分鼎足"。

🔗 **诗文链接**

早发白帝城

唐·李白

朝辞白帝彩云间，千里江陵一日还。

两岸猿声啼不住，轻舟已过万重山。

锦绣河山　国色天香　天生丽质

温泉水滑洗凝脂

华清宫

　　华清宫，是唐代著名的行宫别苑，后也称"华清池"，位于陕西省西安市临潼区骊山北麓。初名"汤泉宫"，后改名温泉宫，又叫骊山宫、骊宫、绣岭宫。华清宫始建于唐初，鼎盛于唐玄宗执政时期。

华清宫倚骊峰山势而筑，规模宏大，建筑壮丽，楼台馆殿，遍布骊山上下。唐玄宗悉心经营建起如此宏大的离宫，从公元745年到755年的每年10月都要到此游幸。

据清乾隆本《临潼县志》载：从开元二年（714年）到天宝十四年（755年）的40年间，唐玄宗先后出游华清宫36次，有时一年两去，其微行间出无法计算。游幸规模甚大，"千乘万旗被原野，云霞草木相辉光"。"八十一车千万骑，朝有宴饮暮有赐"。"安史之乱"后，政局突变，唐玄宗从皇帝的宝座上跌落了下来。至此，华清宫迅速衰落，昔日特殊的地位一去不返，唐朝以后各代皇帝已很少出游华清宫。

回眸一笑百媚生

杨玉环（719—756），号太真。姿质丰艳，善歌舞，通音律，为唐代宫廷音乐家、舞蹈家。其音乐才华在历代后妃中鲜见，被后世誉为中国古代四大美女之一。

杨玉环天生丽质，加上优越的教育环境，使她具备有一定的文化修养，性格婉顺，精通音律，擅歌舞，并善弹琵琶。在白居易的《长恨歌》中描述其为：天生丽质难自弃，一朝选在君王侧。

开元二十二年（734年）七月，唐玄宗的女儿咸宜公主在洛阳举行婚礼，杨玉环也应邀参加。咸宜公主之胞弟寿王李瑁对杨玉环一见钟情，唐玄宗在武惠妃的要求下当年就下诏册立她为寿王妃。

李瑁的母亲武惠妃是玄宗最为宠爱的妃子，在宫中的礼遇等同于皇后。开元二十五年（737年）武惠妃逝世，玄宗因此郁郁寡欢，当时后宫数千，没有玄宗中意的，有人进言杨玉环"姿质天挺，宜充掖廷"，于是唐玄宗将杨氏召入后宫之中。

开元二十八年（740年）十月，以为玄宗母亲窦太后祈福的名义，敕书杨氏出家为女道士，道号"太真"。

天宝四年（745年），唐玄宗把韦昭训的女儿册立为寿王妃后，遂册立杨玉环为贵妃，玄宗自废掉王皇后就再未立后，因此杨贵妃就相当于皇后。

玄宗亲谱《霓裳羽衣曲》，召见杨贵妃时，令乐工奏此新乐，赐杨氏以金钗钿合，并亲自插在杨氏鬓发上。玄宗对后宫人说："朕得杨贵妃，如得至宝也。"复制新曲《得宝子》，足见宠幸之隆。时宫中未立新皇后，宫人皆呼杨氏为"娘子"。

传闻有这样一个故事，说在杨玉环晋为贵妃之后，岭南贡上一只白鹦鹉，能模仿人语，玄宗和杨贵妃十分喜欢，称它为"雪花女"，宫中左右则称它为"雪花娘"。

唐玄宗令词臣教以诗篇，数遍之后，这只白鹦鹉就能吟诵出来，逗人喜爱。玄宗每与杨贵妃下棋，如果局面对玄宗不利，侍从的宦官怕玄宗输了棋，就叫声"雪花娘"，这只鹦鹉便飞入棋盘，张翼拍翅。后来这只可爱的"雪花娘"被老鹰啄死，玄宗与杨贵妃十分伤心，将它葬于御苑中，称为"鹦鹉冢"。玄宗对宠物白鹦鹉尚且如此珍惜，其对杨贵妃的厚宠更不待言了。

延伸思考

中国四大美女都是谁呢？"沉鱼落雁""闭月羞花"又指的是谁呢？

当代·涂志伟《霓裳羽衣舞》油画作品

图说

涂志伟现为翁源籍旅居美国著名画家，20世纪旅美杰出华人，中华世纪英才，美国国家级美术评委，被美国政府授予"油画大师"称号。油画本源自西方，东方人问鼎桂冠，因此，涂志伟被誉为"亚洲第一人"。

妃子一笑

那位万人之上的大唐皇帝为博杨贵妃的欢心，从千里之外，耗费大量人力、物力运来带有露水的新鲜荔枝。宫中的享受又是极其奢侈，越是难得的山珍海味、稀世奇宝越要进贡。除荔枝外，另有一美酒"露浓笑"更是让唐玄宗封为宫廷御酒，此酒取名自李白献给杨贵妃的诗作"云

杨玉环画像

想衣裳花想容,春风拂槛露华浓"，其酿酒用的水是高山上的清晨甘露，此酒具得天独厚的四川兴农酿酒之地利优势，酿出来的美酒醇香芬芳，清而不淡，浓而不艳！

"一骑红尘妃子笑，无人知是荔枝来"。当时杨贵妃在华清宫里品尝荔枝时是怎样的一番动人情景，唐玄宗每每以此美酒与其对饮，杨贵妃在唐玄宗的心目中当然更是"贵妃一笑，六宫无色"了。

此恨绵绵无绝期

安史之乱会爆发，其中一个原因是因为唐玄宗后期专宠杨贵妃而不理朝政，使得藩镇权限增大，节度使的野心得以膨胀，于是，安禄山就在云南发起了叛乱，并自己称帝。

在天宝十五年（756年）的正月初一，安禄山在洛阳自称大燕皇帝，并改国号为元圣武。此时大燕军攻无不克，战无不胜，很快就打入了长安。唐玄宗看到这样的局势，就马上选择了逃离长安，逃到了马嵬坡。

陈玄礼为首的随驾禁军军士，一致要求处死杨国忠跟杨贵妃，随即哗变，乱刀杀死了杨国忠。

唐玄宗说杨国忠祸乱朝政应当诛杀，但是贵妃无罪，本来想要赦免的，无奈禁军士兵皆认为贵妃乃祸国红颜，安史之乱乃因贵妃而起，不诛难慰军心、难振士气，继续包围皇帝。唐玄宗接受高力士的劝言，为求自保，不得已之下，赐死了杨贵妃。最终杨贵妃被赐白绫一条，缢死在佛堂的梨树下，时年三十八岁。

诗文链接

长恨歌（节选）

唐·白居易

天生丽质难自弃，一朝选在君王侧。

回眸一笑百媚生，六宫粉黛无颜色。

……

在天愿作比翼鸟，在地愿为连理枝。

天长地久有时尽，此恨绵绵无绝期。

苏堤之外飞鸿逝

西湖全景

　　西湖三面环山，面积约6.39平方千米，东西宽约2.8千米，南北长约3.2千米，绕湖一周近15千米。

　　西湖，位于浙江省杭州市以西，是首批国家重点风景名胜区和中国十大风景名胜之一。西湖是中国著名的观赏性淡水湖泊之一，也是现今世界遗产名录中少数几个、中国唯一的湖泊类文化遗产。

西湖明珠自天降，龙飞凤舞到钱塘

古时候，天庭的银河边住着一条玉龙和一只金凤。他们将银河边的一块璞玉磨成一颗璀璨的明珠。

据说这颗明珠照到哪里，哪里就百花盛开，五谷丰登。谁知，这颗明珠却被王母娘娘抢去锁进了深宫里。王母娘娘生日的那一天，天宫里摆下了蟠桃会，王母娘娘为了炫耀，就把那颗明珠拿出来给众神仙观赏。

这时，珠子的光被玉龙、金凤看见了，就赶到天庭去向王母娘娘索取。王母娘娘哪里肯依，在你争我夺间，明珠就掉到了人间。玉龙和金凤为了保护明珠，也就一前一

西湖美景

图 说

"西湖十景"是指古代最能代表西湖景致精华的十处景观，古往今来，名扬内外。最著名的以苏堤春晓、断桥残雪、曲院风荷、花港观鱼、柳浪闻莺、雷峰夕照、三潭印月、平湖秋月、双峰插云、南屏晚钟闻名。

后来到了人间。

明珠掉落到地上后，变成了一个美丽清澈的西湖。玉龙和金凤因舍不得离开明珠，就各自变成了玉皇山和凤凰山，日夜地守护在西湖边上。

苏堤

苏东坡担任杭州刺史时，奉命修葺西湖，利用挖出的淤泥修筑了一条南北走向的堤岸。苏东坡主持修筑的堤岸，大约是日后南起南屏山麓、北至栖霞岭下这一条堤岸的雏形。虽说是雏形，但是，构成这一条堤岸最著名的六座桥，即映波、锁澜、望山、压堤、东浦、跨虹，都已经有了。据说，这些名字都出自苏东坡之口。苏东坡主持修建的这一条堤岸，已经成为西湖十景之首，名曰"苏堤春晓"。

苏堤

图说

西湖景致"六吊桥"，分别为映波桥、锁澜桥、望山桥、压堤桥、东浦桥、跨虹桥。

吊桥连南北，东坡爱民心

　　说到"苏堤"的"六吊桥"，历史上还有一段佳话。苏东坡第一次来到杭州当地方官，十分迷恋杭州的山水，觉得西湖比古代美女西施更美，便写下了"欲把西湖比西子，淡妆浓抹总相宜"这句绝妙好诗。可是过了15年，苏东坡再来杭州当太守时，发现西湖长久不治，湖泥淤塞，葑草芜蔓，就感慨上书，认为"杭州之有西湖，如人之有眉目"，决定要学唐朝诗人白居易，疏浚西湖，为杭州人做件好事。

　　疏浚西湖的告示张贴出来了，可苏东坡却被一件事难住了：疏浚出来的葑草湖泥堆放在何处呢？如果堆在西湖四岸，既妨碍交通，又污染环境；如果挑运到远处去，费工费事，何年何月才能将西湖疏浚好？愁得苏东坡三天三夜饭也吃不香，觉也睡不稳。第四天，他决定到西湖四周走走，看看如何更好地处理这件事。苏东坡带上随从，骑马先到北山栖霞岭。一看这里是通灵隐、天竺要道，堆放葑泥，显然不妥当。于是，想转到南屏净慈寺去看看。他站在西泠渡口，正想上渡船，突然听到柳林深处传来一阵渔歌声：南山女，北山男，隔岸相望诉情难。天上鹊桥何时落？沿湖要走三十三。

　　苏东坡一听，心中一阵高兴：这不是在向我献计献策吗？对，天上可架"鹊桥"，湖上难道不能修长堤？这样，既解决了湖上葑泥堆放场所，又方便了南北两岸交通，真是一举两得啊！苏东坡高兴得喊了一声："好！再到湖对岸去看看。"这时，从柳林中划出一条小船，船头站着一个青年渔民，他躬身作揖，向苏东坡说："小民在此等候太守多时，快请上船吧！"苏东坡又惊又喜，问道："你何以知道我要来湖边？"那青年回答道："听说太守要疏浚西湖，自然要到湖边来亲自察看，因此特来恭候。"苏东坡说："好啊，那刚才的渔歌一定是你唱的了！"小青年笑笑说："是啊，这就是我们西湖南北山小民的心愿啊！"苏东坡乘上渔船，来到南山。柳林中又驶出一只小船，飞扬起一阵清脆的歌声：南山女，北山男，年龄大过二十三。两情相慕难诉说，"牛郎织女"把堤盼。苏东坡听了，哈哈大笑道："唱得好，唱得好，南山女，北山男，让我在湖上筑一条长堤，成全你们的好姻缘吧！"

　　要在西湖上筑堤的消息不胫而走，南北山渔民、农民和城里市民都闻讯赶来，自愿出工出力。苏东坡说："谢谢乡亲们啦，连年旱涝成灾，你们生活困难。我已申报朝廷，决定拨出一批米粮，以工代赈。"乡亲们听说有粮米可发，更加踊跃。人多力量大，从夏到秋，终于在北山到南山间筑好了七段长堤，段与段间留了六处水道，只是由于银钱不足，暂时未能造桥。

湖北岸一个青年樵夫想出了个好主意，砍了一批树木，拼成木板，造了六顶吊桥。平时吊桥拉起，让里外湖的船只往来通行，早晚把吊桥放

苏堤"六吊桥"之"东浦桥"

下，让两岸乡亲通行。又在长堤两边种上桃树和柳树，一来保护堤岸，二来春天桃红柳绿，为西湖添一美景。

后人为怀念苏东坡浚湖筑堤的政绩，就将这条南北长堤称为苏堤。春日之晨，六桥烟柳笼纱，几声莺啼，报道苏堤春早，有民谣唱道："西湖景致六吊桥，一株杨柳一株桃。"

白娘子传说

清明时节，西湖岸边花红柳绿，断桥上游人如梭，真是好一幅春光明媚的美丽画面。突然，从西湖底下悄悄升上来两个如花似玉的姑娘，怎么回事儿？人怎么会从水里升出来呢？原来，她们是两条修炼成了人形的蛇精，虽然如此，但她们并无害人之心，只因羡慕世间的多彩人生，才一个化名叫白素贞（白娘子），一个化名叫小青，来到西湖边游玩。

偏偏老天爷忽然发起脾气来，霎时间下起了倾盆大雨，白素贞和小青被淋得无处藏身，正发愁呢，突然只觉头顶多了一把伞，转身一看，只见一位温文尔雅、白净秀气的年轻书生撑着伞在为她们遮雨。白素贞和这小书生四目相交，都不约而同地红了脸，相互产生了爱慕之情。小青看在眼里，忙说："多谢！请问客官尊姓大名。"小书生答道："我叫许仙，就住在这断桥边。"白素贞和小青也赶忙作了自我介绍。从此，他们三个人常常见面，白素贞和许仙的感情越来越好，过了不久，白素贞和许仙就结为夫妻，并开了一间"保和堂"药铺，小日子过得幸福美满！

由于"保和堂"药铺治好了很多很多疑难病症，而且给穷人看病抓药还分文不收，所以药铺的生意越来越红火，远近来找许仙和白素贞治病的人越来越多，人们将白素贞亲切地称为白娘子。可是，"保和堂"的兴隆、许仙和白娘子的幸福生活却惹恼了一个人，谁呢？那就是金山寺的和尚法海。因为人们的病都被许仙和白娘子治好了，到金山寺烧香求菩萨的人就少多了，香火不旺，法海和尚自然就高兴不起来了。这天，他又来到"保和堂"前，看到白娘子正在给人治病，不禁怒火中烧，再定睛一瞧，哎呀！原来这白娘子不是凡人，而是条白蛇，是蛇精啊！

　　法海虽有点儿小法术，但他的心术却不正。看出了白娘子的身份后，他就整日想拆散许仙白娘子夫妇、搞垮"保和堂"。于是，他偷偷把许仙叫到寺中，对许仙说："你娘子是蛇精变的，你快点走，不然，她会吃掉你的！"许仙一听，非常气愤，说道："我娘子心地善良，对我的情意比海还深。就算她是蛇精，也不会害我，何况她如今已有了身孕，我怎能离弃她呢！"法海见许仙不上他的当，恼羞成怒，便把许仙关在了寺里。

　　"保和堂"里，白娘子正焦急地等待许仙回来。一天、两天、……，左等右等，许仙始终不曾回来，白娘子心急如焚，便出去寻找，最后终于打听到许仙被金山寺的法海和尚给"留"住了，于是白娘子赶紧带着小青来到金山寺，苦苦哀求法海放了许仙。法海见了白娘子，一阵冷笑，说道："大胆蛇妖，我劝你还是快点离开，否则，别怪我不客气了！"白娘子见法海拒不放人，拔下头上的金钗，迎风一摇，便掀起滔滔大浪，向金山寺直逼过去。法海脱下袈裟，变成一道长堤，拦在寺门外。大水涨一尺，长堤就高一尺，大水涨一丈，长堤就高一丈，任凭波浪再大，也漫不过去。再加上白娘子有孕在身，实在斗不过法

雷峰塔

图 说

　　雷峰塔为吴越忠懿王钱弘俶因黄妃得子而修建，初名黄妃塔，因地建于雷峰，后人改称雷峰塔。

　　海，就在僵持不下的时候，法海使诈，将白娘子收进金钵，压在了雷峰塔下，就这样把许仙和白娘子这对恩爱夫妻活生生地拆散了。目前，雷峰塔仍屹立在西湖边不远处，成为西湖的一道风景。

🔗 诗文链接

晓出净慈寺送林子方

宋·杨万里

毕竟西湖六月中，风光不与四时同。

接天莲叶无穷碧，映日荷花别样红。

泪洒胭脂井

胭脂井

　　胭脂井位于南京市玄武区玄武湖南侧，南朝陈景阳殿之井，又名辱井、景阳井。

陈叔宝画像

图说

陈叔宝，即陈后主，字元秀，小字黄奴，是宣帝陈顼的长子。在位期间，陈叔宝不理政事，大建宫室，生活奢侈，常与妃嫔、文臣游宴，创作艳词。

南朝祯明三年（589 年），隋兵南下过江，攻占台城，陈后主闻兵至，与妃张丽华、孔贵嫔等入此井。至夜，为隋兵所执，后人因称此井为辱井。隋唐以后，台城屡遭破坏，景阳殿已毁，景阳井也随之湮没。后人为了吸取陈后主亡国教训，遂在鸡笼山的鸡鸣寺侧立井。

后庭花与胭脂井

张丽华出身兵家，入宫为侍女，后来做了南朝陈后主

张丽华

图说

　　陈后主每次召宾客与贵妃在一起游乐、饮酒，就叫来各个贵人及有才学的宫女在一起作诗，互相赠答。从中选出特别艳丽的诗作，当作歌曲的词，再配上新的曲调，挑选一千多名长得漂亮的宫女，命令她们学唱。此外陈后主更把中书令江总，以及陈暄、孔范、王瑷等一班文学大臣一齐召进宫来，饮酒赋诗，征歌逐色，自夕达旦，写出著名的《玉树后庭花》：

　　　　丽宇芳林对高阁，新装艳质本倾城。

　　　　映户凝娇乍不进，出帷含态笑相迎。

　　　　妖姬脸似花含露，玉树流光照后庭。

　　　　花开花落不长久，落红满地归寂中。

的贵妃，她长相上最大的特点是发长七尺，光可鉴人，眉目如画。此外，更具有敏锐才辩及过人的记忆力，所谓"人间有一言一事，辄先知之。"她在做龚贵嫔的侍儿时，陈后主一见钟情，封为贵妃，和孔贵嫔一起宠冠后宫，以至于陈后主临朝之际，百官启奏国事，都常常将张丽华抱在膝上，同决天下大事。特别是废除原太子陈胤而封张丽华所生儿子陈深为太子，张丽华在他心目中的地位更加提高。

陈后主陈叔宝即位的时候，北朝的隋文帝杨坚正大举任贤纳谏，减轻赋税，整饬军备，消除奢靡之风。随时准备攻略江南富饶之地，而陈后主竟然奢侈荒淫无度，臣民也流于安逸玩乐，给隋朝以可乘之机。

当隋文帝一路打过来的时候，陈朝后主陈叔宝才惊慌失措。平日围绕在他身边的一般侍臣，都力劝他出兵迎战，摆足架势。可陈叔宝只说："非唯朕无德，亦是江南衣冠道尽，吾自有计，卿等不必多言！"大家听他说："吾自有计"，都各自奔命了。隋朝大将韩擒虎本期望攻入宫中，抓住皇帝，立一头功，想不到宫殿中空空如也，鬼影也没有一个，陈后主不知去向，这可大事不好。陈后主虽然无能，但一个有野心的人却可利用他起事给政权带来不稳定因素，当即下令搜查。后宫佳丽都已列在景阳殿前听候发落，独不见了张丽华与孔贵妃，韩擒虎差一点把宫苑掀翻过来。最后只剩下后花园中的一口枯井了，一群士兵趴在井口大呼小叫，但井中寂然无声，于是，有人建议用大石头投入井中，这时井中突然传来讨饶的声音。于是，用粗绳系一箩筐坠入井中，众人合力牵拉，觉得十分沉重，大家开始以为皇帝的龙体确实不同凡体，等到拉上一看，才发现陈后主、张丽华、孔贵嫔三人，紧紧地抱在一起坐在箩筐中。士兵们一见欢声大笑。据传由于井口太小，三人一齐挤上，张丽华的胭脂被擦在井口，从此，这口井被叫作"胭脂井"，但也有人不耻陈后主与张丽华、孔贵嫔的行为，把它叫作"耻辱井"。

☀ **延伸思考**

你知道还有哪些皇帝因为沉迷酒色而导致亡国吗？

🔍 **成语**

奇耻大辱

奇，罕见的，特殊的。指极大的耻辱。

大乔小乔的胭脂井

天柱山下的梅城北门外，生长着一片茂林修竹，一条碧水清溪从林中蜿蜒穿过，这是风景秀美、清幽的好所在。林中有广教寺，寺内有一口石凿栏杆围砌的深井。这口井，说来也怪，半边井水清澈见底，另半边井水却终年呈粉红色，且芳香沁腑，当地人都叫它"胭脂井"。

相传这广教寺在东汉末年，曾是太尉乔玄的暂居之所。乔玄有两个女儿，长女大乔，次女小乔。二女不但有闭月羞花之貌，而且聪明淑慧，琴、棋、书、画无所不能，是远近闻名的绝代佳人。不料，二

天柱山下的胭脂井

女被东吴将领孙策、周瑜看中，他们执意要娶大乔、小乔为妻。紧接着，便亲率兵马，带着厚礼来乔府提亲。乔玄和两个女儿本来慑于武力不敢不从，又见孙策、周瑜英武过人，相貌堂堂，也就答应了。当天夜里，大乔、小乔收拾着行装，想到明日将告别这依恋的故土远嫁东吴，不禁潸然泪下。第二天清晨，她俩来到井旁梳妆，清澈的井水映出二女的花容月貌，这使她俩突然憎恶起自己的容貌来。于是将手中的胭脂全部倒入井中，决心以后再也不梳妆打扮。从此，井水就变为胭脂色了。

诗文链接

泊秦淮

唐·杜牧

烟笼寒水月笼沙，夜泊秦淮近酒家，
商女不知亡国恨，隔江犹唱后庭花。

为国捐躯　赤胆忠心　精忠报国

卢沟桥往事

卢沟桥

　　卢沟桥在北京市西南约15千米处，位于丰台区永定河上。因横跨卢沟河（即永定河）而得名，是北京市现存最古老的石造联拱桥。

　　卢沟桥整个桥身都是石体结构，关键部位均有银锭铁榫连接，为华北地区最长的古代石桥。1937年7月7日，日本帝国主义在此发动全面侵华战争。宛平城的中国驻军

夕阳下的石狮子

奋起抵抗，史称"卢沟桥事变"（亦称"七七事变"）。全国性的抗日战争从此爆发。

七七事变

延伸思考

结合抗日战争，请谈谈你对"兵者不祥，圣人不得已而用之的"的理解。

1937年7月7日，盘踞于永定河西岸的日本侵略军以一名士兵失踪为借口，强行要过卢沟桥到宛平城搜查，遭到了中国驻军第29军官兵的拒绝。于是，日本侵略军就大举武装进攻桥东，这就是震惊中外的"七七事变"。"七七事变"是中华民族进行全面抗战的开端。

中国人民经过艰苦抗战，终于在1945年8月15日，以日本宣布无条件投降赢得了民族解放战争的伟大胜利。

1945年8月15日日本无条件投降

永定河

　　永定河，海河五大支流之一，也是流经北京市境内最大的一条河流，发源于山西省北部宁武县的管涔岭，全长650千米。

　　由于地势原因，永定河流域常常水患连连，对北京城乡造成了极大的威胁。百姓们为了能避免灾患，安稳生活，经常与洪水斗争，由此产生了许多关于永定河的传说。

　　在很久以前，永定河叫无定河，时常发大水，决口

永定河与永定楼

图说

永定楼位于门头沟永定河畔，其设计灵感来源于黄鹤楼，整体建筑保持了我国古典建筑风格，雄浑大气又不失精巧雅致。其平面呈十字形，高62米，共5层，层层飞檐凌空，同时设有平座和走廊。在这里，不论你是登楼远眺京城风光，还是晚上欣赏灯光璀璨的夜景，都别有一番滋味。

子。老百姓吃尽了洪水的苦头，都盼着官家治治河。可官家不管，老百姓又太穷，一直治不了。

那年，固安来了个姓吴的知县，廉洁奉公，爱民如子，上任头一天就去看水势，第二天就想出个好主意，连夜给皇上修了一道本。

　　当时的皇上是个昏君，只知吃喝玩乐，从不管老百姓的死活。他在宫里玩腻了，想到外地转悠转悠。就问大臣："众位爱卿，我想出去逛逛，不知哪儿有好景致？"皇上话音刚落，朝班中一个大臣，跪下说："万岁，昨天固安吴知县有本奏来，他说'南有苏杭胜地，北有固安八景'，万岁何不到固安去看看？"说罢，大臣急忙送上吴知县的奏章。皇上一看，心中大喜，决定去看看。

　　第二天，皇帝来到固安县。吴知县引着皇上往东走了二十多里，也没看到什么好景致。皇上怀疑起来，问："你说的西湖二景在哪里呢？"

　　吴知县指指丛林深处的东湖、西湖（两个村子名）说："万岁，这就是我说的西湖二景啊！"皇上一看是两个破烂村子，挺生气："吴知县，你敢骗我？"

　　吴知县急忙跪下说："万岁，臣不敢骗您。这两个村子原是我朝有名的柳编产地，有人作诗说'东湖西湖柳编

永定河峡谷

乡，春秋美景胜苏杭'。可这些年，无定河老开口子，老百姓走的走逃的逃，才变成现在这个样子了。"

皇上虽然生气，可吴知县说得句句在理，只好罢休。

转天，吴知县又带着皇上往南去，到牛头（牛驼镇）、马面（马庄镇）转了大半天，既没看到寺庙，也没看到古迹，倒碰到不少叫花子。皇上生气了："吴知县，你可知罪？"吴知县急忙跪下磕头，说："万岁，你听我说。从前，牛驼、马庄确实很热闹，日月塔、魁星楼不用说，光寺庙就有好几个。可是，这几年因为无定河老开口子，人们活不下去了，都逃荒去了。"这天，吴知县又领皇上奔城西，到太子三宫看了看，只见到处是烂砖头碎瓦片，老鼠出溜出溜乱钻，皇上眼都气红了，大声说："回京！"

吴知县跪下说："万岁，城北……"

皇上怒气冲冲地说："不去了！"

吴知县说："这玉带的景色别具一格，万岁无论如何要去看看。"

皇上又来到城北，爬上无定河大堤一看，只见满河浑水哗哗地流着，一个浪头接一个浪头直撞大堤，大堤越来越窄，好像马上就要开口子了，皇上吓得差点瘫在地上，哆哆嗦嗦地说："吴，你好大胆……"

吴知县说："不，万岁，我不敢骗您。从前，好多诗人都把大堤比玉带，连老皇上也作过'万里金堤似玉带'的诗句呢，可眼前这两条玉带已经很危险了，它威胁着十多万百姓的生命，也威胁着皇城的安全，望万岁开恩赐银治理！"

皇上气糊涂了，结结巴巴地说："我，我，我赐银……"他想说："我赐银？不砍你脑袋就不错了！"刚说出

永定河秋色

"赐银"二字，吴知县便扑通一声跪下了，连忙说："谢主隆恩！"

皇上更生气了，大声说："武士们，给我推出去砍了！"

吴知县一点也不害怕，他说："万岁，臣命如草芥，但您金口玉言，赐字既出口，还能收回去吗？"接着，他给皇上戴了一阵高帽子，说皇上爱民如子，是圣德明君，然后，又讲了讲治河、栽柳树、发展柳编的好处。

皇上被吴知县哄乐了，只好从国库中拨出五万两白银，交给吴知县治河用。

吴知县征集了一万多老百姓，清理旧河道，加高大堤，还在堤上插上柳树，很快就把无定河治好了。

自那以后，无定河有了一定走向，再也不开口子了，老百姓都过上了安居乐业的日子。

后来，有个老秀才为了歌颂吴知县的功德，作了一首《永定河颂》，其中一句："巧赚皇上吴县令，无定河变永定河。"无定河从此改了名，叫永定河。

🔍 **成语**

安居乐业

居，住处；业，职业。指人们安定地生活，快乐地工作。

🔗 **诗文链接**

卢沟晓月

明·邹缉

河桥残月晓苍苍，照见卢沟野水黄。

树入平郊分淡霭，天空断岸露微光。

北趋禁阙神京近，南去征车客路长。

多少行人此来往，马蹄踏尽五更霜。

千年古镇——瓜洲

扬州"瓜洲古渡"

　　瓜洲古渡，位于扬州市古运河下游与长江交汇处。瓜洲是江苏省扬州市的一个历史文化名镇，与对岸镇江的西津渡同为古代航运交通要冲。

瓜洲是历史文化名镇，始于晋，盛于唐。地处长江北岸，古运河入江口，是历代联系大江南北的咽喉要冲，素有"江北重镇""千年古镇"之称。

千年古渡

位于京杭大运河与长江交汇处的瓜洲，是京杭大运河入长江的重要通道之一，为"南北扼要之地"，"瞰京口、接建康、际沧海、襟大江……每岁漕船数百万，浮江而至，百州贸易迁涉之人，往还络绎，必停泊于是，其为南北之利"。瓜洲还是一座有着悠久历史和丰富人文积淀的古镇，很多历史名人在此留下过墨痕印记，陆游《书愤》中提到"楼船夜雪瓜洲渡，铁马秋风大散关"。杜十娘怒沉百宝箱的故事，几百年来更是广为流传。

到了宋金对峙时期，瓜洲成了战争前线，在瓜洲建都巡检营廨，宋军曾在此击败南侵的金主完颜亮。南宋乾道四年（1168年），瓜洲开始筑城。

明代，在瓜洲设置了同知署、工部分司署、管河通判署。明代瓜洲城周长一千五百四十三丈九尺，高二丈一尺。在瓜洲城东门外另筑有"鬼柳城"。这一时期，瓜洲城内大型建筑、私宅花园、庵庙、楼、亭、厅、堂等多达数十处。有建

渡口"江天胜境"牌坊

于明代万历年间的大观楼；有建于明代正统年间的江淮胜概楼；以及观潮亭、江风山月亭、曲江亭等。

清代设瓜洲巡检司署、操江都御史行台、都督府、提督府等。乾隆二十三年（1758年）将巡视南漕御史置移瓜洲。清代设巡检行署、漕运府、都督府等。到清末城坍前，城内共有十四坊。

清代康熙、乾隆二帝六次南巡时，均曾驻跸瓜洲，并在锦春园设有行宫，昔日乾隆皇帝赞美锦春园而题诗的御碑，至今尚保存完好。

☀ **延伸思考**

京杭大运河的起点和终点分别是哪里？

乾隆帝南巡趣事

众所周知，清代的乾隆皇帝曾经六次下江南，其中三次到过瓜洲，期间发生了不少趣事。瓜洲当地有在农历三月二十四日庆贺城隍菩萨生日的节俗，相传与乾隆皇帝还有一段渊源。一次乾隆皇帝下江南来到了瓜洲，他与众官员分别乘坐在几艘大船之上，到了夜里便停靠在瓜洲的古渡口。夜里，正当众人睡得正酣之时，突然不知从何处卷起一阵狂风，官船左右摇晃个不停，船上的人被颠簸得前仰后合，站都站不稳，但是唯独乾隆皇帝的御驾龙舟却稳如平地。乾隆也很是疑惑，便带着当时的宰相张玉书走出舱门一探究竟，他们远远地望见西侧江中，显出两个斗大的灯笼，上面写着"真州是主"四个大字。乾隆便问众官员："'真州'是什么地方？"宰相张玉书如实禀告皇帝。乾隆暗自思索，此乃真州城隍保佑。回到京城之后，他立即给当地的城隍庙下了道圣旨，敕封城隍爷为"真州绥靖侯"。

扬州乾隆御碑亭

图说

　　扬州乾隆御碑亭位于扬州大明寺内，清乾隆二十七年（1762年）立。坐北朝南，单檐歇山顶，檐下置挂楣，亭柱16根，红色油漆，周遍设透空坐栏，栏面黑色，透空坐基白色，色彩分明。碑高0.98米，宽2.25米，厚0.33米，右上角缺损。碑边线阴刻，饰以八龙戏珠图案。诗文行书阴刻，竖排14行，70字。有御印两方。诗为七言诗文。地面为正方形水磨青砖铺地，中置三块御石碑。每块石碑上都记有乾隆南巡时在此地所作的诗篇。

　　后来人们习惯在农历三月二十四日这一天举行庆贺城隍菩萨的活动，却不仅仅是纪念绥靖侯，祈求神灵保佑、国泰民安、风调雨顺、五谷丰登、六畜兴旺。还因为，三月二十四日大致处于谷雨到芒种两节气之间，也是农村春耕夏播的重要时期，仕农工商更各行业的从业者趁着这个节日，置办生活生产所需要的物品。因此，当天此地人流攒动、摩肩接踵，热闹非凡。直到抗日战争前夕，这一节俗才逐渐消失。

　　其实，乾隆皇帝每次微服私访，一来可以亲自考察当地官员的优劣，二来还能够体验当地百姓的生活。据记载，乾隆皇帝十分喜爱扬州的美食。有一天，乾隆皇帝照例微服私访来到了瓜洲，走进一家名叫"昌裕号"的饭庄。皇帝身边两个随从自然不敢大意，其中一个随从赶在皇帝的前面进了饭庄，对着掌柜的耳朵悄悄说了几句。只见掌柜立即向后面的厨房奔去。这一幕却早被乾隆皇帝看在了眼里，知道下人又在搞什么名堂，于是他便找个机会撇开随从，也进了厨房。正好看见掌柜用长褂掩着一只盆子正快步向饭庄后门走去。乾隆大喝一声："留步！"掌柜一愣，停了下来。乾隆当面问道："你长褂里藏着什么宝贝？"掌柜老实回答道："禀告客官，一盆烂鱼。"乾隆心有怀疑，继续问道："一盆烂鱼为何如此鬼鬼祟祟？快快招来，是何伎俩？"掌柜见对方语气甚硬，不敢怠慢，便拿出了盆子。只见盆里躺着一只烧好的鱼，然而这鱼的样子却有点奇怪，头大尾

清·徐扬《乾隆南巡图》（局部）

小，但汁鲜肉白，垫以青苗，十分养眼。乾隆爷何许人也，立即断定这是一道美味，就要品尝。掌柜和随从拗不过乾隆爷，只得让他品尝。然而乾隆爷只尝了一口，就大赞："天下美味也！"他回过头来问掌柜这是何物，掌柜见乾隆爷平安无事，便如实相告："客官刚才享用的是本地江鲜，叫作河豚。"乾隆早已耳闻河豚的盛名，不想今天竟然碰巧吃到了此物，哈哈大笑说："你们差一点毁了我的口福啊！快拿笔墨来！"于是下人拿来笔墨，乾隆帝挥笔写下四个大字："江鲜唯此！"

瓜洲江水绵绵不绝，关于它的故事在历史长河中引人遐思。

🔗 **诗文链接**

泊船瓜洲

宋·王安石

京口瓜洲一水间，钟山只隔数重山。

春风又绿江南岸，明月何时照我还。

百年"文战场"

江南贡院

　　江南贡院始建于宋乾道四年（1168年），经历代修缮扩建，明清时期达到鼎盛，清同治年间，仅考试号舍就有20644间，可接纳2万多名考生同时考试，加上附属建筑数百间，占地超过30万平方米。其规模之大、占地之广

居中国各省贡院之冠，创中国古代科举考场之最。

江南贡院位于南京市秦淮区夫子庙学宫东侧，又称南京贡院、建康贡院，是中国古代规模最大的科举考场，中国南方地区开科取士之地，也是夫子庙地区三大古建筑群之一，夫子庙秦淮风光带重要组成部分。

贡院出人才

唐伯虎、郑板桥、文天祥、吴敬梓、袁枚、林则徐、施耐庵、方苞、邓廷桢、曾国藩、左宗棠、李鸿章等历史名人均为江南贡院的考生或考官。中国最后一个状元刘春霖也出于此。

施耐庵（1296—1371），又名子安。元末明初著名小说家，江苏兴化人，代表作为长篇古典小说《水浒传》。施耐庵19岁中秀才，28岁中举人，36岁与刘伯温同榜中进士。

唐伯虎（1470—1523），中国明代画家，文学家。唐寅于明宪宗成化六年庚寅年寅月寅日寅时出世，故名唐寅，又因属虎，故又名唐伯虎。字子畏、伯虎，号六如居士、桃花庵主、逃禅仙吏、鲁国唐生、南京解元等，号称江南第一风流才子。29岁到南京江南贡院参加乡试，又中第一名解元。正当他踌躇满志，第二年赴京会试时，因牵涉科场舞弊案而交厄运，绝意仕途。

郑板桥（1693—1765），清代著名画家，"扬州八怪"之一。字克柔，号板桥。江苏兴化人，雍正十年举人，乾隆元年（1736年）进士。官山东范县、潍县知县，有政声"以岁饥为民请赈，忤大吏，遂乞病归。"做官前后，均居扬州，以书画营生。工诗、词，善书、画。诗词不屑作熟语。画擅花卉木石，尤长兰竹。

吴敬梓（1701—1754），清代小说家，安徽全椒人。字敏轩，号粒民。吴敬梓一生创作了大量的诗歌、散文和史学研究著作，有《文木山房诗文集》十二卷，今存四卷。不过，确立他在中国文学史上杰出地位的，是他创作的长篇讽刺小说《儒林外史》。

中国科举博物馆

图说

中国科举博物馆由江南贡院改扩建而成，包含博物馆主馆、江南贡院南苑以及明远楼遗址区三大区域。博物馆主体是科举文化展示、体验的集中区；江南贡院南苑是科举博物馆主体的配套区域；明远楼遗址区主要是明远楼、至公堂、历代碑刻及部分号舍。博物馆主体两侧还建设有秦淮礼物店、游客服务中心等配套设施。

朱元璋画像

图说

朱元璋（1328—1398），即明太祖，字国瑞，原名重八，后取名兴宗，濠州钟离人（今安徽凤阳），明朝开国皇帝。

李鸿章（1823—1901），清代重臣，洋务运动倡导者，本名章桐，字渐甫，号少荃（泉），晚年自号仪叟，别号省心，谥文忠。安徽合肥东乡（今肥东县）磨店人。因排行二，故民间又称"李二先生"。有《李文忠公全集》。

张謇（1853—1926），中国近代著名的实业家、教育家，字季直，号啬庵，出生于江苏省海门直隶厅常乐镇。他主张实业救国，一生创办了20多家企业，370多所学校，为我国近代民族工业的兴起和教育事业的发展作出了宝贵贡献，被称为"状元实业家"。毛泽东在谈到中国民族工业时曾说："轻工业不能忘记张謇"。

南榜北伐

明洪武三十年（1397年）三月五日，会试发榜。因榜上有名者共52人，均为南方考生，被称为南榜，北方举人开始议论纷纷。三月殿试又取福建闽县陈某为状元，北方举人大哗，认为主考官刘三吾、白信蹈是南方人，因此袒护南方人。群情激奋的考生，将皇榜打得七零八落，随后又到礼部示威。锦衣卫赶来镇压。街头巷尾贴满了指责主考官偏袒同乡、必有隐情的传单，把南京城弄得一团糟。朱元璋接到奏报，亲自查问主考官刘三吾。刘三吾对朱元璋说："元朝统治北方一百多年，使其文化遭受极大摧残。近年来，北方远不如南方，这已是众所周知的事实，南优北劣也为正常。"朱元璋却不听他的，找来翰林院侍讲张信，命他带领侍讲戴彝、右赞善王俊华、司直郎张谦等人，于落第试卷中每人再各阅十卷，增录北方人入仕。但经复阅后上呈的北方试卷仍文理不佳，并有犯禁忌之语。张信向朱元璋如实禀告复查结果，认为南北考生成绩相差确实悬殊，就连南榜最末一名也比北方的优秀者高出许多。并且提到以文章定优劣，以成绩排名次，是国家科考的惯例，不应有地域照顾。如今北方举人成绩仅能列后，因此不能更动。

北方举人不服，上告说刘三吾、白信蹈等人故意以陋卷进呈，朱元璋大怒，随即将主考官问罪斩首，处死白信

💡 **延伸思考**

你知道科举考试第一名、第二名、第三名分别被称为什么吗？

蹈等人，刘三吾因年事过高，发配充军，以老戍边。六月，朱元璋亲自策问，取录61人，因所录61人全是北方人，故又称北榜，因此历史上把这次充满血腥的科举考试事件称为"南榜北代"。

🔍 **成语**

人才辈出

辈出，一批一批地不断涌现。指有才能的人不断地大量涌现。

🔗 **诗文链接**

登科后

唐·孟郊

昔日龌龊不足夸，今朝放荡思无涯。

春风得意马蹄疾，一日看尽长安花。

四大书院

应天书院

　　应天书院又称应天府书院，位于河南省商丘市睢阳区商丘古城南湖畔。

　　唐天祐四年（907年），唐朝灭亡，中国历史进入

"五代十国"分裂时期,官学遭受破坏、庠序失教。这种特定的历史条件促成了中国开始出现一批私人创办书院、学舍之风的兴起。"风声雨声读书声声声入耳,家事国事天下事事事关心",中国古人讲求诗礼传家,无论哪朝哪代,都把读书看作一等一的大事,于是在千百年的历史流转中,承载着文明和思想火花的"四大书院"也应运而生。

应天书院

五代后晋时期,宋州虞城通儒杨悫在归德军将军赵直扶助下聚众讲学,创办睢阳学舍。杨悫去世后,他的学生戚同文继承师业,继续办学,书院得以发展。北宋立国初期,急需人才,实行开科取士。当时,睢阳学舍的生徒参加科举考试,登第者达五六十人之多。天下文人、士子慕戚同文之名不远千里而至宋州求学者络绎不绝,出现了"远近学者皆归之"的盛况,其中就有那位吟出"先天下之忧而忧,后天下之乐而乐"的范仲淹。睢阳学舍逐渐形成了一个学术文化交流与教育中心,但戚同文病逝后,学校一度关闭。大中祥符二年(1009年),宋城县(今河南商丘睢阳区)富人曹诚,在戚同文旧学之地出资三百万金,造舍150间,聚书1500余卷,广招学生,并于次年聘戚同文之孙戚舜宾为主院,以曹诚为助教,建立了书院。随着晏殊、范仲淹等人的加入,应天书院逐渐发展为北宋最具影响力的书院。"聚学为海,则九河我吞,百谷我尊;淬词为锋,则浮云我决,良玉我切。"这是范仲淹在执掌应天书院时所作的《南京书院题名记》,足见当年应天书院的博雅学风和恢弘气势。

北宋大中祥符二年（1009年）二月二十四日，宋真宗正式赐额为"应天府书院"，是为州县兴学之始。庆历三年（1043年）十二月，诏赐应天府书院升格为南京国子监。应天书院成为古代书院中唯一一个升级为国子监的书院。

岳麓书院

两宋之交，岳麓书院遭战火洗劫被毁。乾道元年（1165年）湖南安抚使知潭州刘珙重建岳麓书院。他还延聘著名理学家张栻主教岳麓，更加强了岳麓书院在南宋教育和学术上的地位；乾道三年（1167年），朱熹来访，与

岳麓书院

图说

　　五代时期，智璇等二僧在岳麓建屋办学，形成书院的雏形。北宋开宝九年（976年），潭州太守朱洞因袭扩建，创立岳麓书院；大中祥符八年（1015年），宋真宗召见山长周式，赐"岳麓书院"额，岳麓书院遂为全国四大书院之一。

张栻论学，开书院会讲之先河，由此形成以"朱张之学"为正宗的学术传统。元承宋制，书院办学继续发展，规制日趋完备。1275年元兵攻破长沙，岳麓书院几百名学生参与抵抗，城破后大多自杀殉国，岳麓书院被付之一炬。

元统治者统一全国后，极力推动书院的恢复和发展，潭州学正刘必大主持重建岳麓书院，被荒废10余年的岳麓书院又开始恢复生机。延祐元年（1314年），郡别驾刘安仁再次主持大修。元末至正十八年（1368年），岳麓书院毁于战火。宣德七年（1432年），由民间集资促成岳麓书院又一次修复。成化五年（1469年），长沙知府钱澎再次兴复书院，但不久又废。弘治七年（1494年），长沙府通判陈钢终于使岳麓书院基本恢复旧貌。崇祯十六年（1643年），张献忠部队进攻长沙，与明朝官军进行激战，书院在混战中被毁。

康熙七年（1668年），巡抚周召南下令重建岳麓书院，基本恢复了原有规模。康熙十三年（1674年），吴三桂发动三藩叛乱，攻克长沙，刚刚修好的岳麓书院再次被毁。康熙二十三年（1684年），巡抚丁思孔又重建岳麓，置膏火田数百亩，并两具疏章，请求御书匾额。康熙二十六年（1687年）春，康熙帝御书"学达性天"匾额。乾隆九年（1744年），乾隆帝又赐御书"道南正脉"于岳麓，岳麓书院在全国的重要地位再次获得肯定。咸丰二年（1852年），太平天国军进攻长沙，岳麓书院受到战火毁坏，史称"书院毁半"，随后院长丁善庆率诸生捐资又逐次修复。同治七年（1868年），巡抚刘昆主持进行了一次大规模修建。清末光绪二十九年（1903年），改为湖南高等学堂，后相继改为湖南高等师范学校、湖南工业专门学校。

1926年正式定名为湖南大学。1938年4月，日本战机轰炸湖南大学校园，岳麓书院部分建筑被毁。1941年4月，日本战机再次轰炸湖南大学，岳麓书院御书楼、半学斋、静一斋等处均中弹倒塌，文庙大成殿及孔子像被炸毁。抗日战争胜利后，岳麓书院部分建筑被修复。1981年，岳麓书院开始大规模修复工程，1986年10月，在历经5年大修后，岳麓书院正式对外开放参观。1988年，岳麓书院被列为全国重点文物保护单位。

白鹿洞书院

唐代时，洛阳人李渤与其兄隐居读书之处。因李渤养了一只白鹿，出入跟随，人称白鹿先生。白鹿洞四山环合，俯视似洞，因此而名。长庆年间，李渤任江州刺史，在白鹿洞创建台榭，从此白鹿洞名重一时，逐渐成为四乡文人往来之地。

南唐开元年间，李善道、朱弼等人在此置田聚徒讲学，称为"庐山园学"。南唐升元四年（940年），南唐政权在李渤隐居的地方建立学馆，称"庐山国学"，又称"白鹿国学"。于隐居旧址建台，引流植花，号为白鹿洞，其实并没有洞，只因四周青山怀抱，貌如洞状而已，白鹿洞四山环合，俯视似洞，因此而名。

宋太宗皇帝太平兴国二年（978年），知江州周述言：庐山白鹿洞，学徒常数千百人，乞赐《九经》肄习。诏国子监给本，仍传送之。

宋仁宗皇佑五年（1053年），礼部郎中孙琛为了振兴白鹿洞书院事业，苦心经营，在故址上修建了十间房屋，并定名为："白鹿洞之书堂"。

南宋淳熙六年（1179年），朱熹任南康知军，到白鹿洞书院察看遗址，奏请孝宗批准赐"白鹿书院"额及御书，筹款建屋，征集图书，聘请名师，广集生徒，亲任洞

白鹿洞书院

图说

白鹿洞书院又称白鹿书院，位于江西省九江市庐山五老峰南麓，距今已有一千余年历史，是中国首间完备的书院，享有"海内第一书院"之誉。南唐时建成"庐山国学"，为中国历史上唯一的由中央政府于京城之外设立的国学。后因宋代理学家朱熹在此讲学而名声大振，成为宋末至清初数百年中国一个重要文化摇篮。

主，亲自讲学，兴复白鹿洞书院。还制定了"博学之、审问之，慎思之，明辨之，笃行之"等五条教规，此即有名的《白鹿洞书院揭示》。

嵩阳书院

嵩阳书院

图说

嵩阳书院，位于河南省登封市区北2.5公里嵩山南麓，背靠峻极峰，面对双溪河，因坐落在嵩山之阳而得名嵩阳书院。创建于北魏孝文帝太和八年（484年），时称嵩阳寺。唐代改为嵩阳观。书院著名的唐代遗迹、重达80多吨重的"大唐碑"（全称为《大唐嵩阳观纪圣德感应之颂碑》），为唐天宝三年（744年）刻立，素有"嵩山碑王"之称。

嵩阳书院初名"太乙书院"。原址在河南登封县太室山麓。五代后周时在嵩阳观设"太乙书院"。北宋至道二年（996年），改为"太室书院"，赐印本《九经》。宋景祐二年（1035年），又名嵩阳书院。

先后在嵩阳书院讲学的有范仲淹、司马光、程颢、程颐、杨时、范纯仁等很多名儒。宋代理学的"洛学"创始人程颢、程颐兄弟都曾在嵩阳书院讲学，此后，嵩阳书院成为宋代理学的发源地之一。司马光的巨著《资治通鉴》第九卷至二十一卷就是在嵩阳书院完成的。

北宋末年，嵩阳书院因战乱被废。清康熙年间重建。

2010年8月1日，嵩阳书院作为"登封'天地之中'历史建筑群"的子项目，被联合国教科文组织正式列入世界文化遗产名录。

🔗 诗文链接

书　院

宋·刘过

力学如力耕，勤惰尔自知。

但使书种多，会有岁稔时。
